레인보우룸
액세서리 레슨북

터닝
포인트

레인보우룸 액세서리, 함께 만들어 볼까요?

지금 전 세계적 인기를 누리고 있는 '레인보우룸'.

수공예를 처음 시작하는 사람도

색색의 고무밴드를 골라서 겹치는 것만으로

손쉽게 예쁜 액세서리를 만들 수 있는 꿈의 틀입니다.

이 책은 레인보우룸을 처음 접한 초보자도 간단히 만들 수 있고,

친구가 부러워할 예쁜 작품 제작법을 알기 쉽게 소개합니다.

무지개를 짜듯 다양한 색깔의 고무밴드를 골라서

나만의 액세서리를 만들어 보는 건 어떨까요?

레인보우룸 액세서리 레슨북

일본 레인보우룸 공식 인스트럭터 지음

박수현 옮김

터닝
포인트

CONTENTS 목차

4

도구와 재료

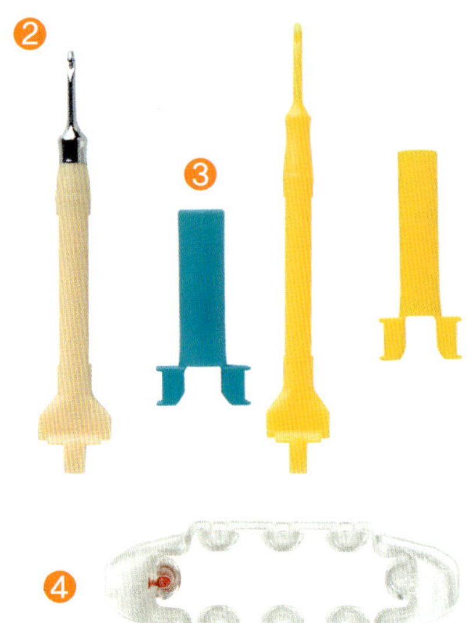

❶ 레인보우룸(본체)

'룸(Loom)'은 영어로 '짜는 틀'을 말합니다. 레인보우룸이라는 이름은 '무지개를 짜는 도구'라는 뜻입니다. 투명한 핀이 정렬된 부분을 '핀바', 핀바를 지지하는 받침을 '베이스'라고 부릅니다. 핀바의 개수와 배열 방식을 바꾸면 다양한 방법으로 팔찌를 만들 수 있습니다. 2~3개를 가로나 세로로 연결해서 짤 수도 있습니다. 왼쪽(파란색)은 전 세계적으로 인기를 누리고 있는 레인보우룸(Rainbow Loom), 오른쪽(노란색)은 일본 한정 오리지널 컬러(〈레인보우룸 마스터 키트〉 가이드북 포함/각켄교육출판사 간행)입니다.

❷ 후크(바늘)

끝이 굽은 전용 코바늘입니다. 뒤쪽의 굵은 부분('베이스 리무벌'이라고 부릅니다)은 베이스에 끼운 핀바를 제거할 때 사용합니다.

❸ 캡

'미니 레인보우룸'이라는 소형 틀로 끝부분에 고무밴드를 걸어서 엮을 수도 있습니다.

❹ 몬스터 테일(본체)

손바닥 위에 쏙 들어오는 크기로 휴대하기 편한 소형 틀입니다. 팔찌처럼 길게 짜야 하는 액세서리를 만들 때 편리합니다.

❺ C클립

알파벳 C자 형태의 클립으로 고무밴드를 고정하거나 연결할 때 사용합니다.

❻ 고무밴드

컬러풀한 레인보우룸 전용 고무밴드입니다. 키트에는 약 600개가 들어 있습니다. 시판 중인 고무는 실리콘 제품과 합성고무 제품이 있으며, 색도 파스텔·축광·형광·메탈릭 등 수십 가지 종류가 있습니다.

ℝ '핀'에 대해서

룸 본체의 고무밴드를 걸기 위해 튀어나와 있는 투명한 부분을 이 책에서는 '핀'이라고 부릅니다.

ℝ 룸 제거 방법

핀바를 베이스에서 제거할 때는 후크의 베이스 리무벌을 베이스에 걸친 후 움직여 지렛대 원리를 이용하여 빼면 편리합니다.

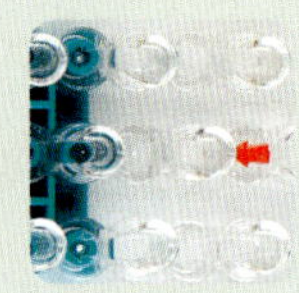

이 책의 사용 방법

우선 이 책의 사용 방법을 설명합니다.

이 책은 사진과 그림의 순서를 그대로 따라 하는 것만으로도 간단히 작품을 만들 수 있도록 구성되어 있습니다. 특히 처음 만드는 작품은 '고무밴드 기록 시트'와 '고무밴드를 거는 순서'를 잘 확인해서 그대로 고무밴드를 걸어 만드는 것이 좋습니다. 그러면 실수하지 않고 예쁘게 엮을 수 있습니다.

고무밴드 기록 시트 사용 방법

오른쪽 시트를 200% 이상으로 확대 복사해서 '고무밴드 기록 시트'로 사용합니다. 고무밴드를 엮기 전에 '도구와 재료'에 쓰여 있는 A, B…… 등의 고무밴드 색깔과 숫자에 맞춰 색깔별 고무밴드를 세어서 시트 칸 위에 올려 둡니다. 그리고 직접 고른 색의 고무밴드를 사용해 색만 다른 작품을 만들 때도 시트를 활용합니다. 선택한 고무밴드를 칸 위에 올려두면 어떤 색을 A, B…… 등으로 사용해서 엮을지 한눈에 알 수 있습니다.

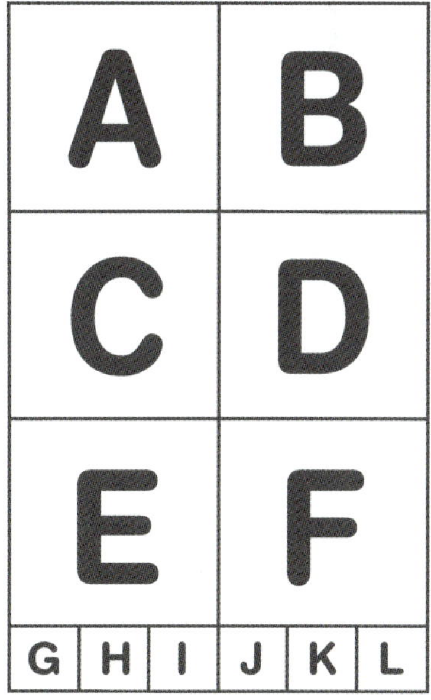

SCENE 1
스타일링
"마음껏 멋 부리고 싶어!"
그런 날은 거울 앞에서 좋아하는 색을 골라
순식간에 액세서리를 완성해 보아요!
오늘의 기분은 무슨 색이니?
왼쪽 헤어밴드(92쪽)
오른쪽 헤어밴드(113쪽)

어떤 게 좋아?

이 세상 어디에서도 팔지 않아요.
정말 좋아하는 색깔만 모아서 만든 거예요!

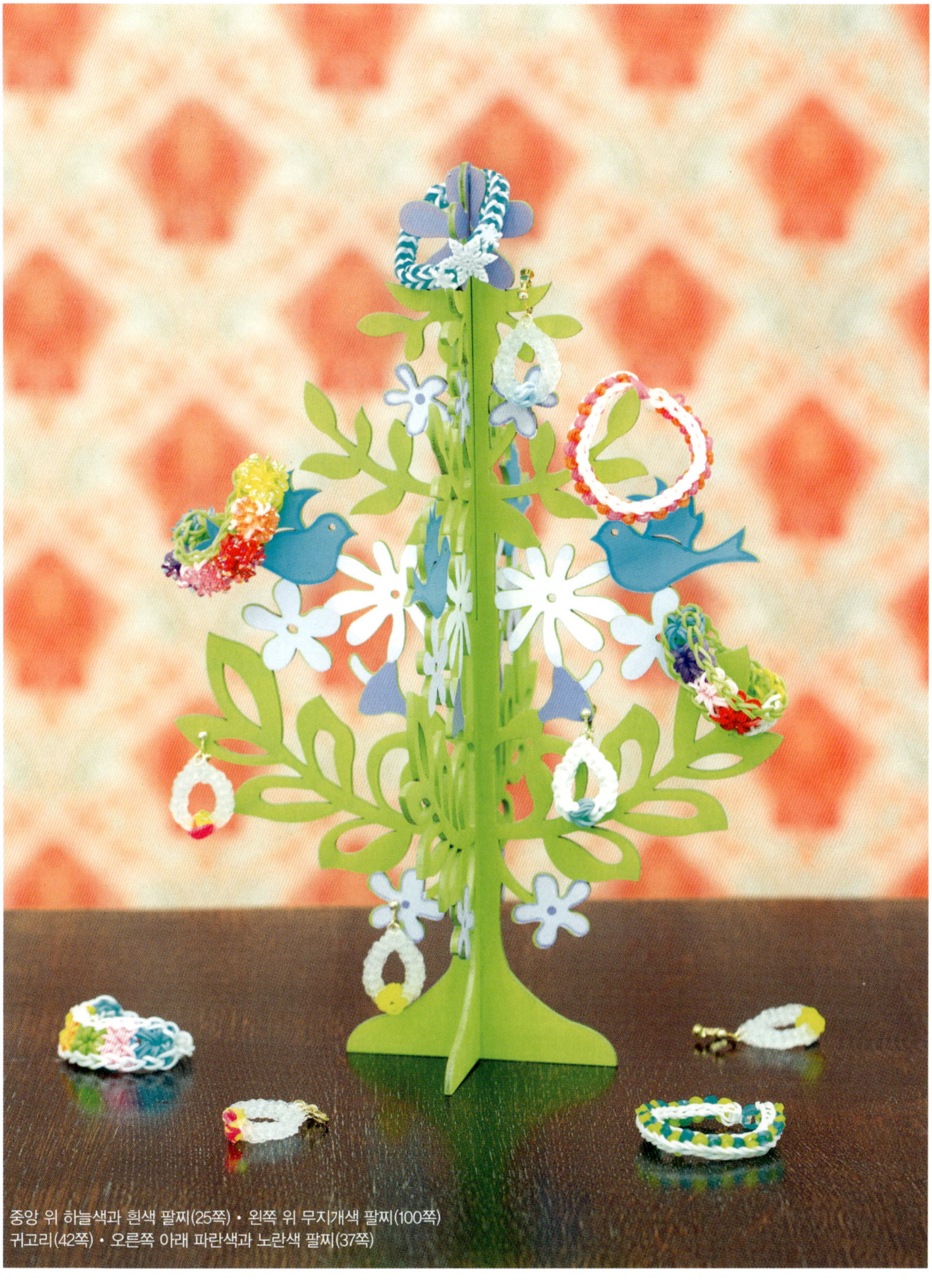

중앙 위 하늘색과 흰색 팔찌(25쪽) · 왼쪽 위 무지개색 팔찌(100쪽)
귀고리(42쪽) · 오른쪽 아래 파란색과 노란색 팔찌(37쪽)

선물하기

상대방이 좋아하는 색이나 탄생석 색으로 짜서
친구나 가족에게 직접 만든 깜짝 선물!
앞으로도 사이 좋게 지내요♡

앞의 무지개색 팔찌(49쪽) · 중앙 3색 팔찌(55쪽)
왼쪽 위 비즈가 들어간 팔찌(28쪽)

내 방 꾸미기

여유로운 아침, 액세서리는 휴식 중.
인형에 잔뜩 걸어서 방을 꾸미는 아이템으로
사용할 수도 있어요.

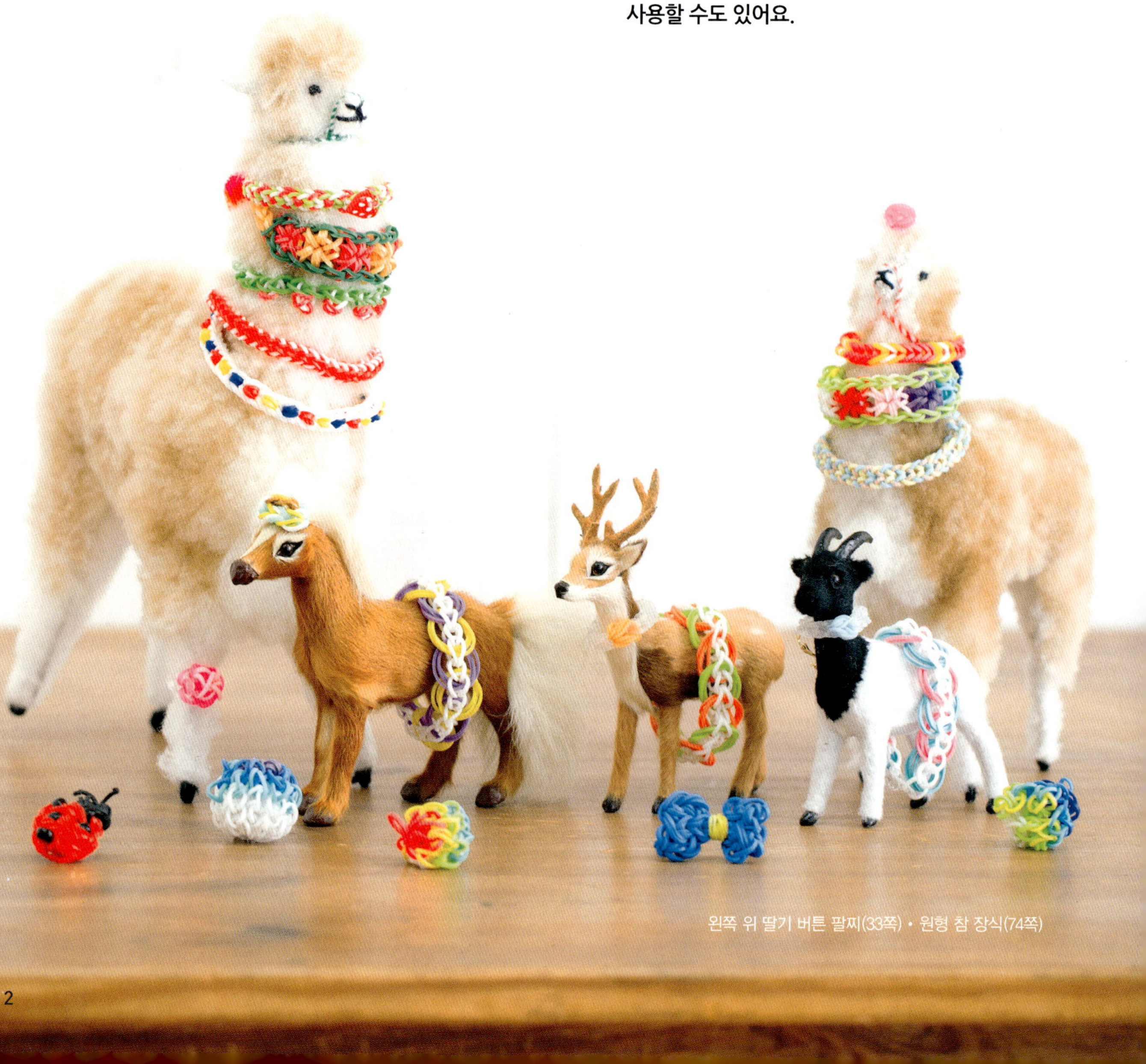

왼쪽 위 딸기 버튼 팔찌(33쪽) · 원형 참 장식(74쪽)

소지품에
달기

꽃 모양 참 장식(61쪽) · 병아리 참 장식(68쪽)

매일 사용하는 가방이나 문구류도 행복하게♡
직접 만든 아이템으로 더욱 신나게!

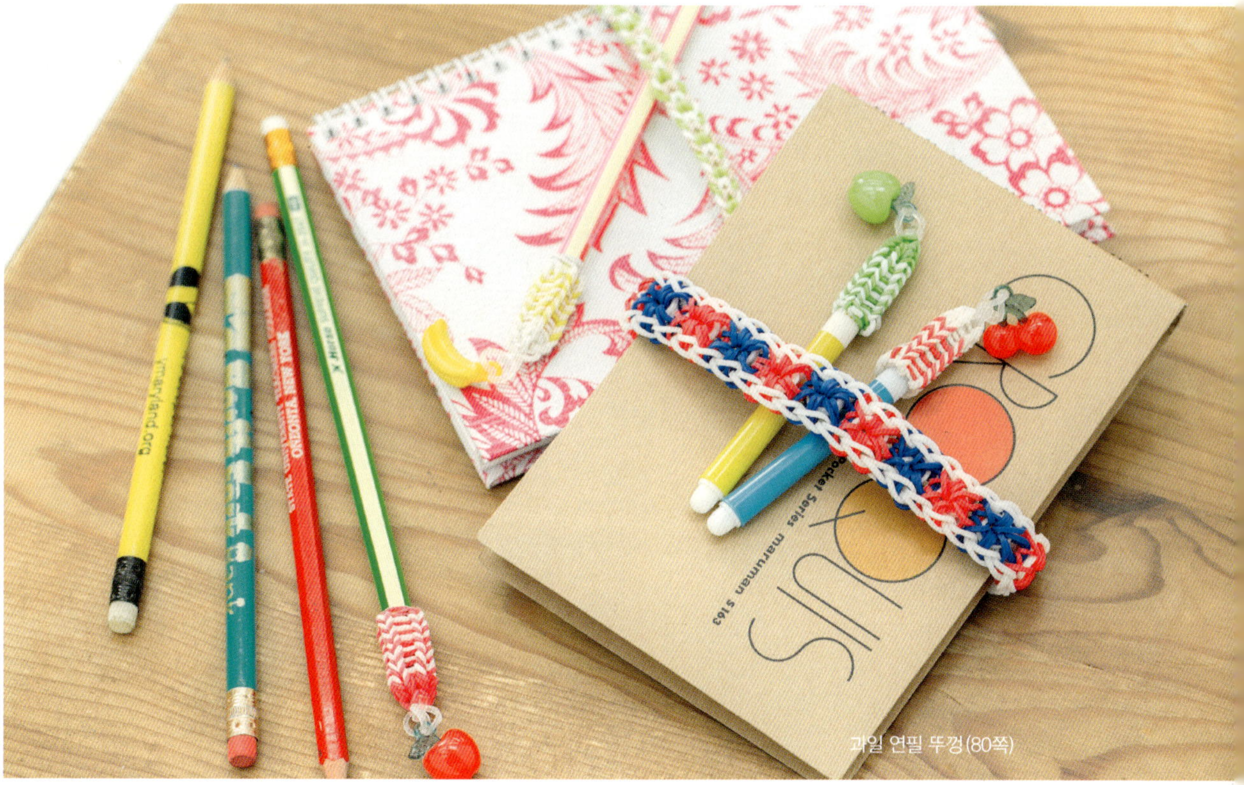

과일 연필 뚜껑(80쪽)

밖에서 놀기

반짝반짝, 햇볕 속에서 예쁜 색이 눈길을 끄네요.
자, 무지개색으로 엮은 고무밴드로 같이 놀아요!

무지개색 체인(16쪽)

꽃봉오리를 단 팔찌(19쪽)

레인보우 싱글 체인

가장 기본적인 엮기 방법 '싱글 체인'을 이용
해서 컬러풀한 고무줄을 만들어 보세요.

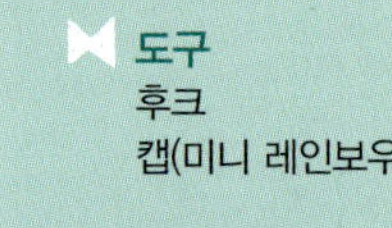

▶◀ 재료
- A색: 핑크 40
- B색: 레드 40
- C색: 오렌지 40
- D색: 옐로 40
- E색: 그린 40
- F색: 블루 40
- G색: 퍼플 40
- C클립 1

★고무밴드 걸기

1 A 고무밴드 1개를 캡(미니 레인보우룸) 축에 끼
우고 한 바퀴 돌려서 겁니다.

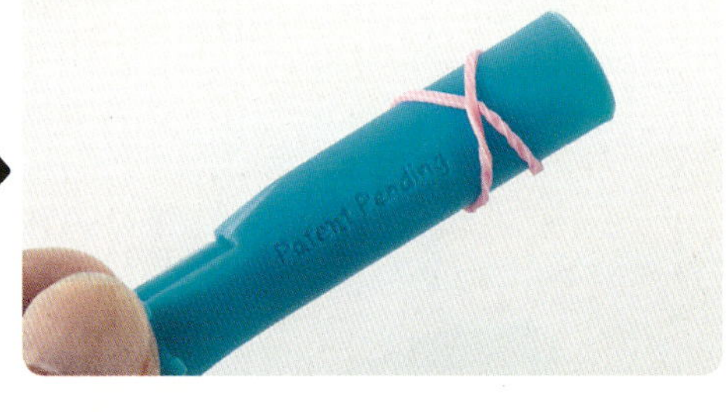

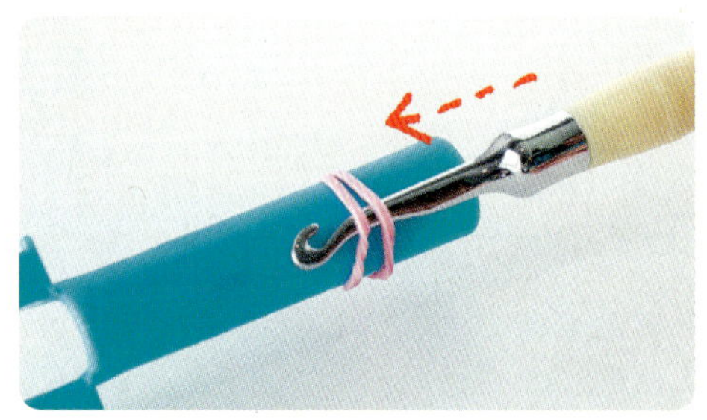

2 1에서 만든 이중 고리 속으로 후크 끝을 통과
시킵니다.

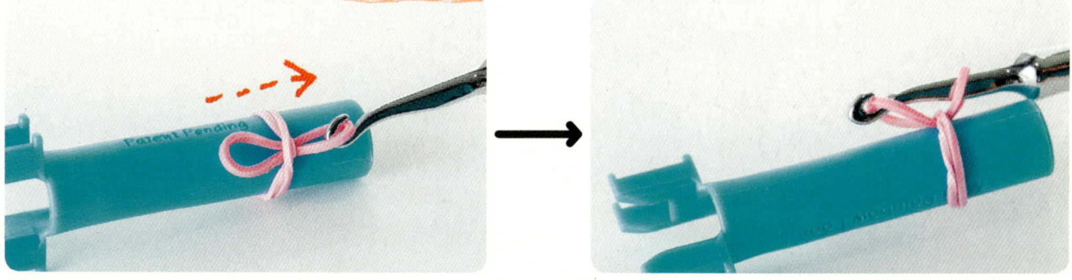

3 A 고무밴드 1개를 후크에 걸어서 이중 고리 속으로 끼웁니다. 반대쪽 고무가 빠지지 않도록 후크 끝에 겁니다.

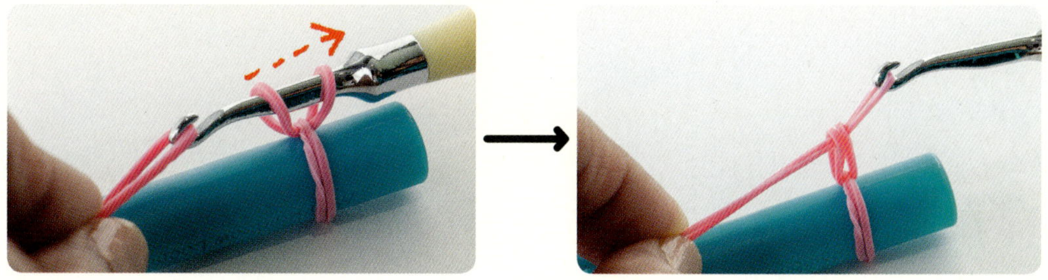

4 다시 A 고무밴드 1개를 후크 끝에 걸어서 원 속으로 끼웁니다.

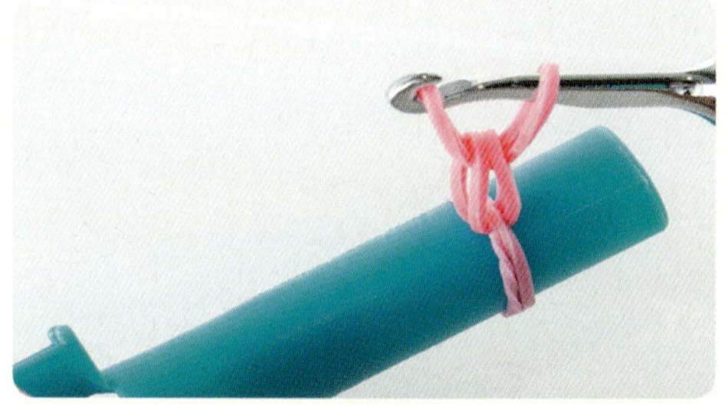

5 이렇게 1단 엮기를 완성했습니다. 통과시킨 고리는 다시 후크 축에 걸어 둡니다.

6 같은 방법으로 4~5번 과정을 반복해서 길게 엮습니다. 10개마다 고무밴드 색깔을 바꾸거나, 서로 엇갈리게 해 보는 등 마음에 드는 색을 골라서 엮어 보세요!

7 고무밴드가 2개 남았을 때, 남은 고무밴드 2개를 함께 손에 쥡니다.

☆싱글 체인으로 엮어 보세요!

팔찌나 목걸이 길이가 부족할 때, 끝부분에 싱글 체인을 연결하여 필요한 만큼 엮어서 길이를 늘릴 수 있습니다. 자주 쓰는 기술이니 기억해 두면 편리합니다!

Tip

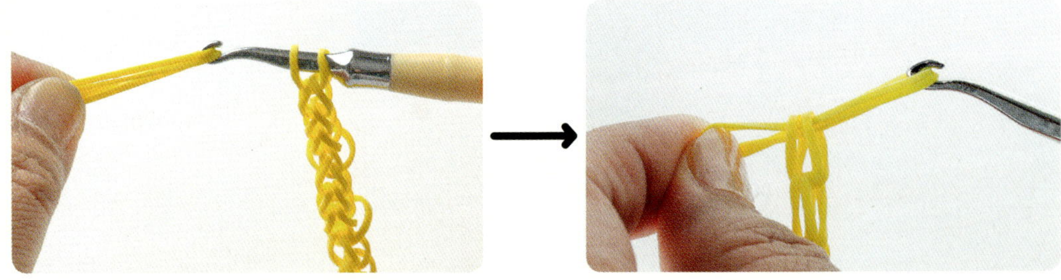

8 손에 든 고무밴드 2개를 후크 끝에 걸어서 후크에 걸려 있던 고리 속으로 통과시킵니다.
(※매듭을 묶는 방법은 54쪽에서 자세히 소개)

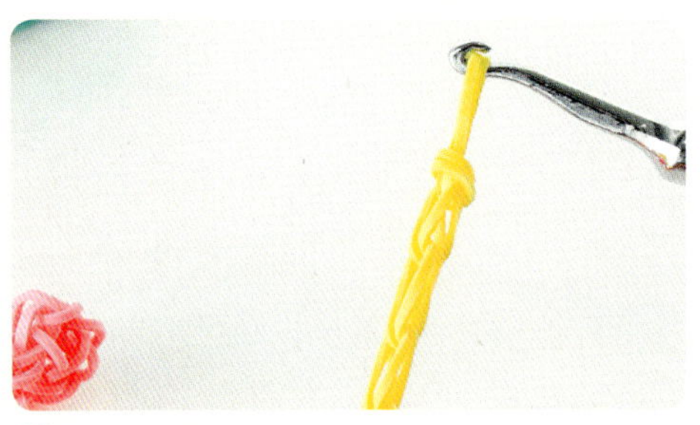

9 손과 후크에 남은 2개의 고리 중, 한쪽 고리를 다른 한쪽 고리 속으로 통과시켜 묶으면 사진처럼 매듭이 완성됩니다

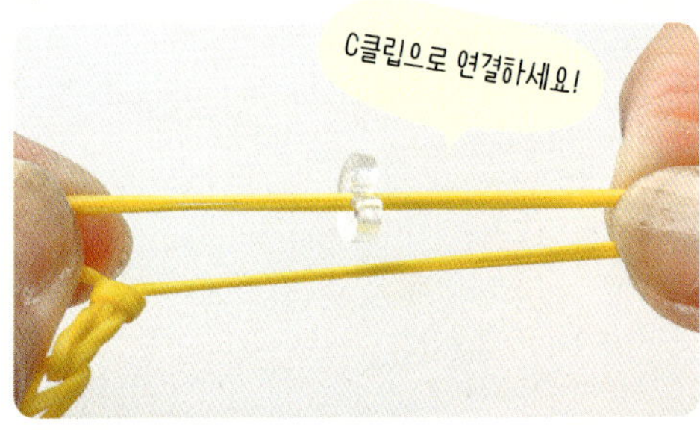

10 후크에 남아 있는 고리에 C클립을 겁니다. 단단히 걸리면 후크에서 고무를 뺍니다.

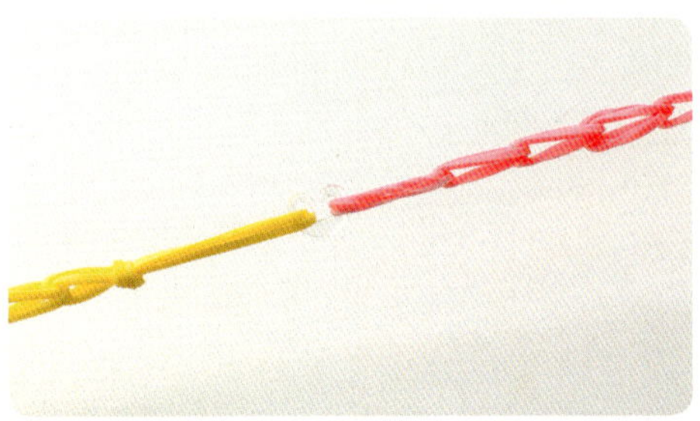

11 다른 한쪽 끝의 고리를 C클립에 걸면 완성입니다.

고무줄놀이용으로 사용하거나 지하철 카드지갑 줄, 파티 장식 등 다양하게 활용하세요♪

꽃봉오리 싱글 체인
Single chain with Flower charm

귀여운 꽃봉오리가 달린 기본 팔찌.
레인보우룸을 이용해서 싱글 체인을 만들어
보세요♪

A색: 네온 그린   B색: 레드
C색: 화이트

A색: 화이트   B색: 터키옥색(젤리)
C색: 옐로(젤리)

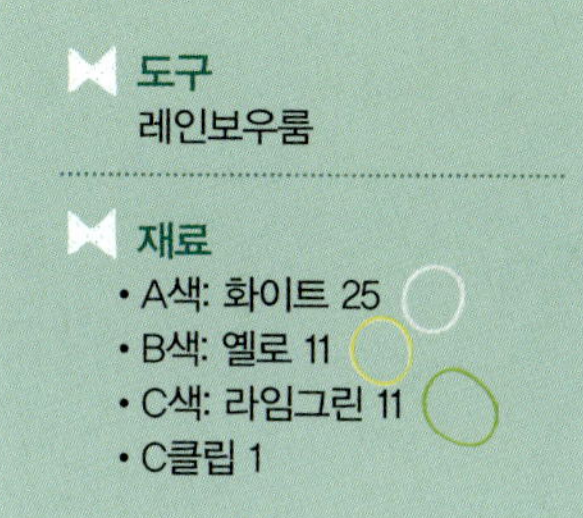

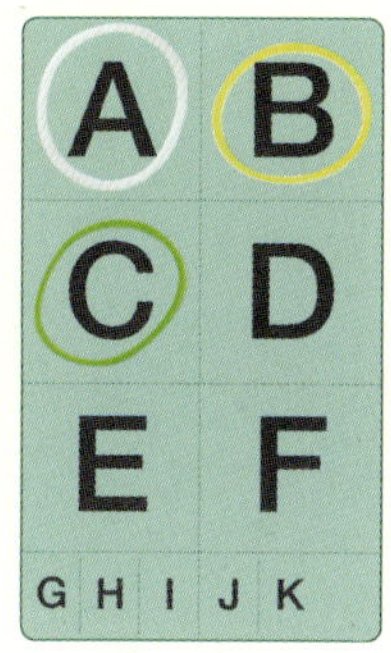

★ 참 장식(Charm) 만들기

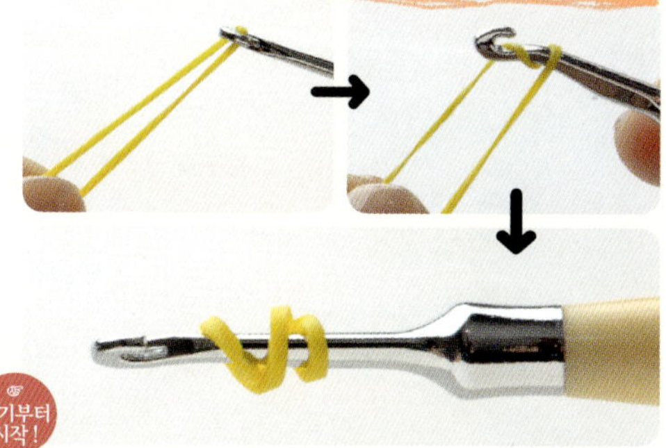

1 참 장식을 만드는 간단한 방법입니다. 후크 끝으로 B 고무밴드 1개를 걸어서 후크 축에 두 바퀴 감아서 삼중으로 만듭니다.

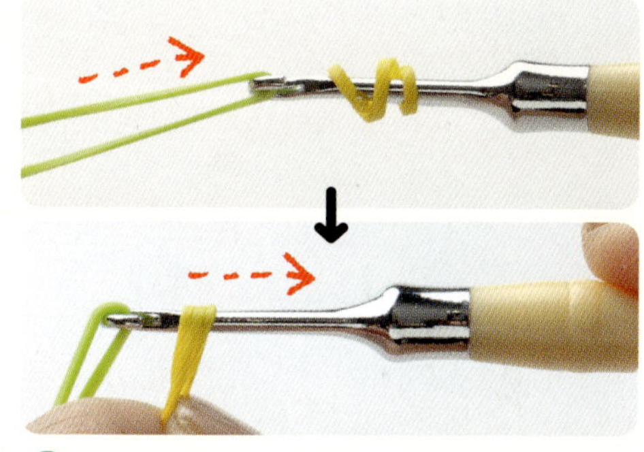

2 C 고무밴드 1개를 후크 끝에 걸어서 1번에서 만든 B 고리 속으로 빼냅니다.

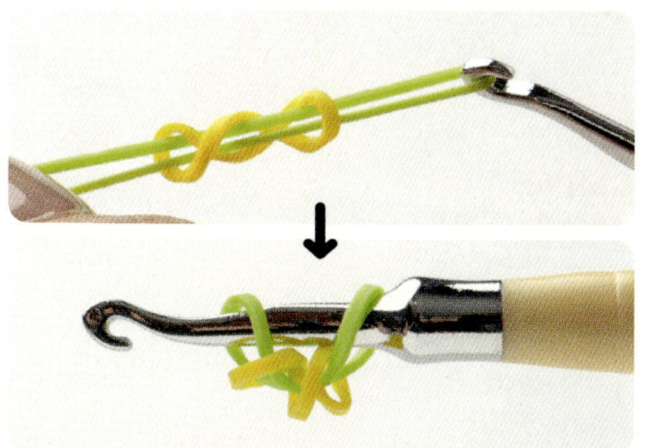

3 C 고무밴드의 다른 한쪽 끝을 후크 끝으로 통과시켜 만들어진 고리를 본체 핀에 겁니다.

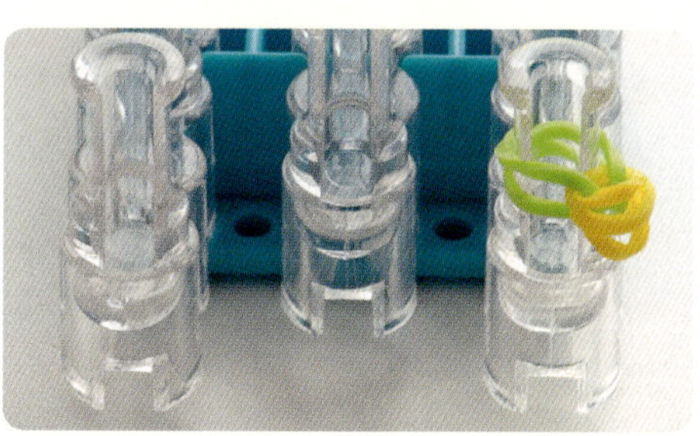

4 참 장식 1개는 사진처럼 만들어집니다.

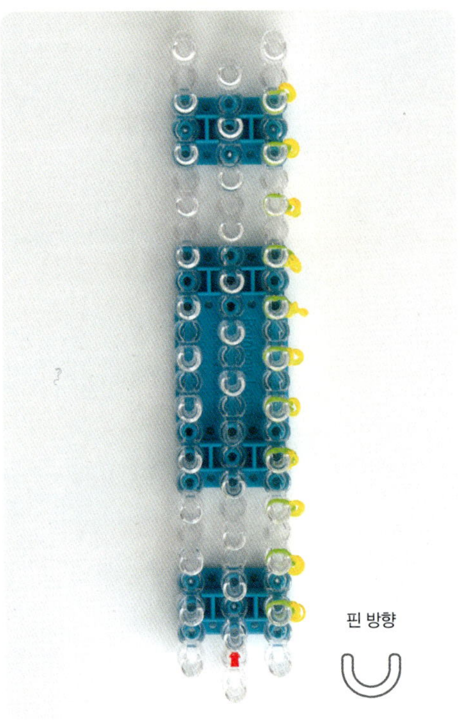

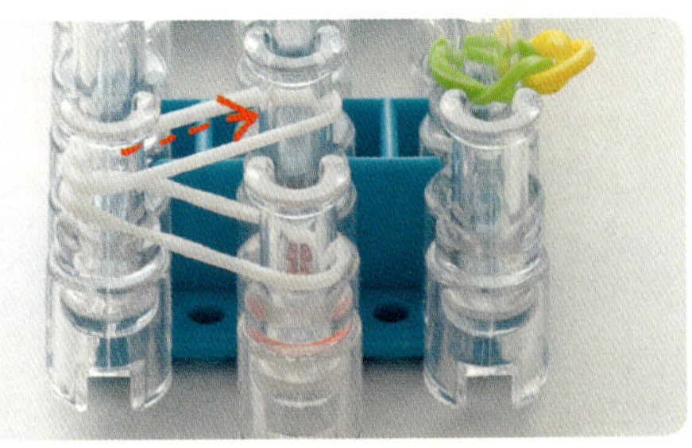

7 A 고무밴드 1개를 꼬지 말고 가운뎃줄 가장 앞과 그 왼쪽 위 핀에 겁니다.

8 A 고무밴드 1개를 가운뎃줄 밑에서 2번째와 그 왼쪽 위 핀에 겁니다.

5 같은 방법으로 꽃봉오리 참 장식을 11개 만들어 오른쪽 줄에 걸어 둡니다.

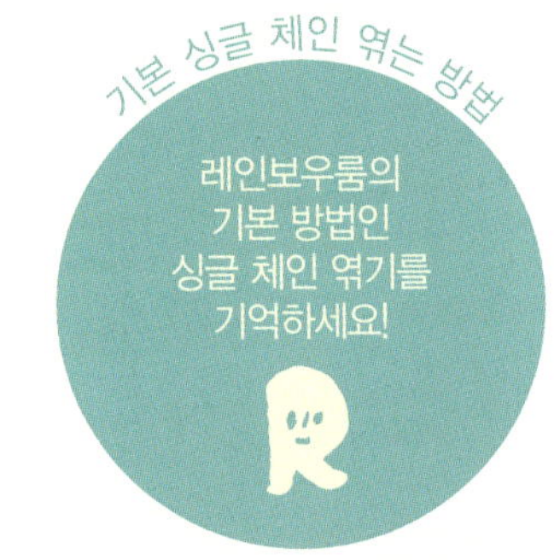

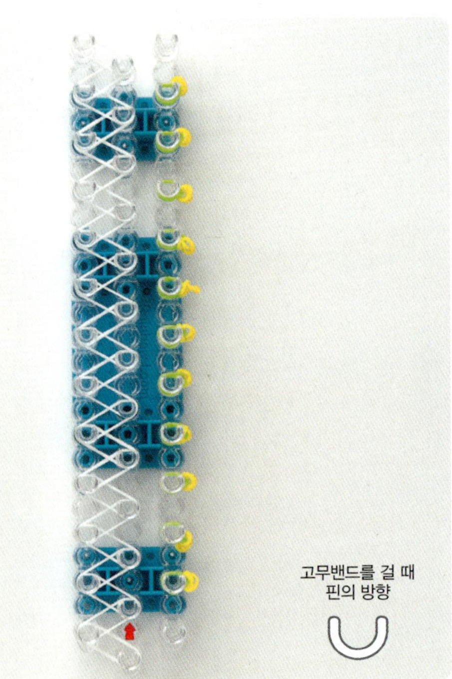

9 【고무밴드를 거는 순서】를 보면서 마찬가지로 교대로 A 고무밴드를 1개씩 가장 윗부분까지 겁니다.

6 A 고무밴드 1개를 꼬지 말고 가운뎃줄 가장 앞과 그 왼쪽 위 핀에 겁니다.

10 참 장식을 달 때는【고무밴드를 거는 순서】의 녹색 화살표 위치에 참 장식을 1개씩 이동시켜서 A 고무밴드 위쪽에서 겁니다.

★**본체를 회전시키기**

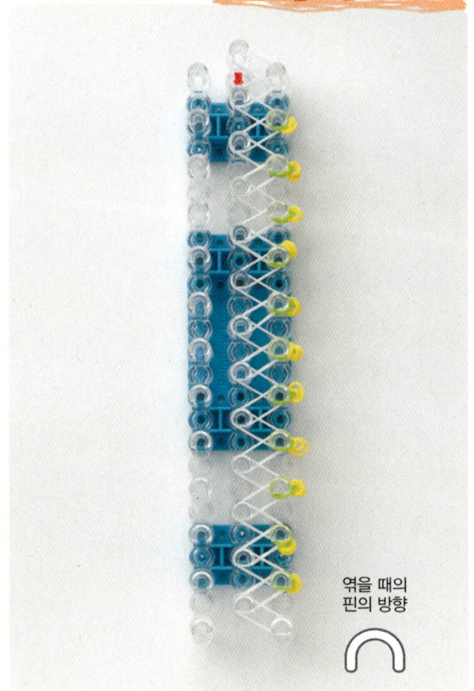

11 룸 본체를 180° 회전시킵니다. 꽃봉오리 참 장식을 달면 사진처럼 만들어집니다.

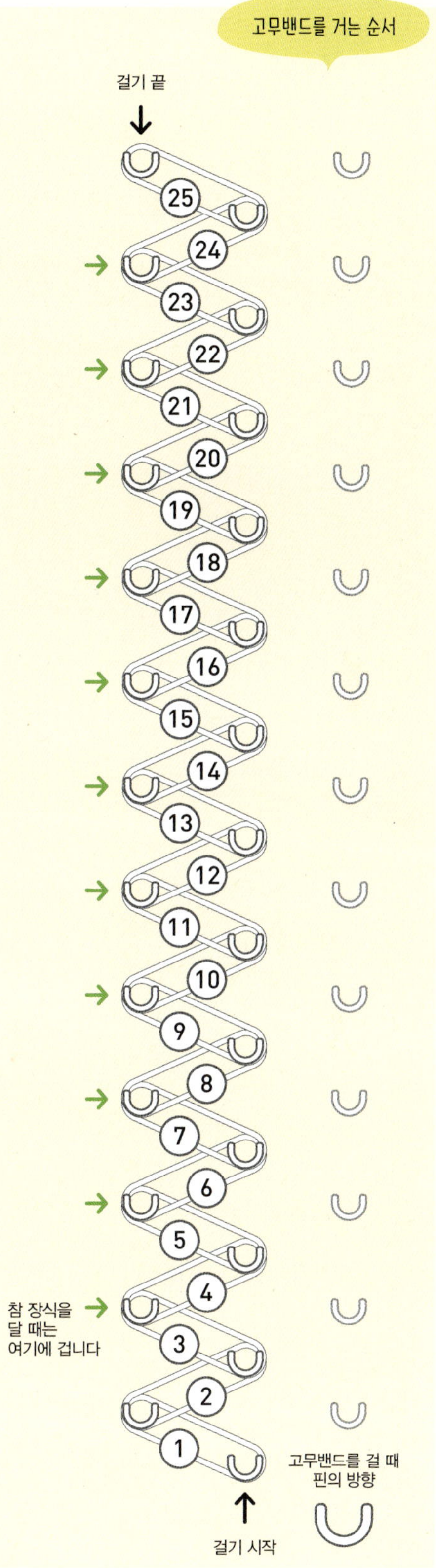

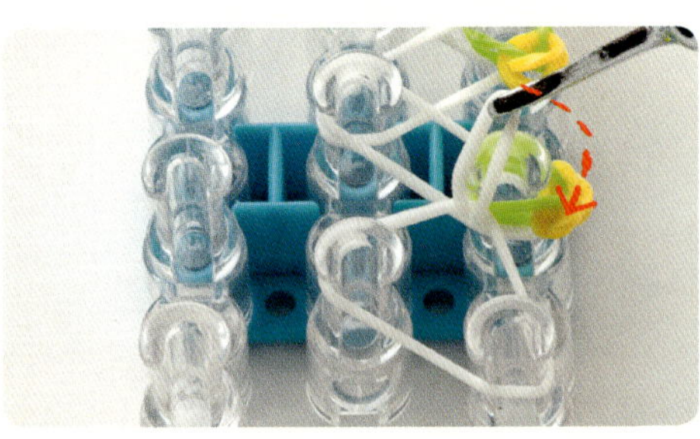

12 가운뎃줄 가장 앞의 핀 안쪽에 후크를 끼워 넣습니다. 가장 밑에 걸린 A 고무밴드 1개를 후크로 당깁니다.

13 후크로 끌어당긴 고무밴드를 핀에서 빼서 오른쪽 위의 핀 위에 겁니다.

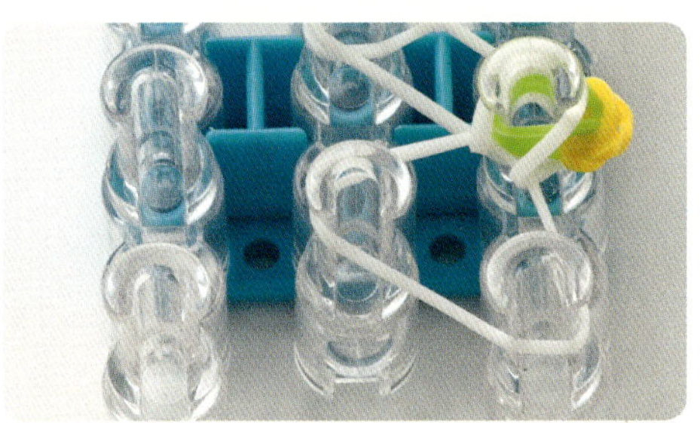

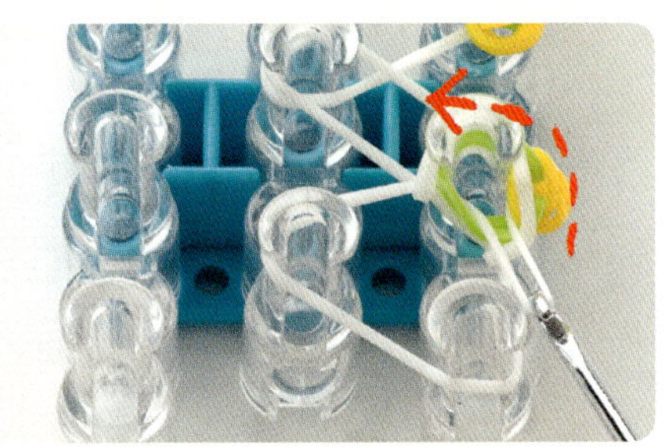

14 걸면 이렇게 됩니다.

15 고무밴드를 건 오른쪽 줄 밑에서 2번째 핀에 후크를 끼웁니다. 그 핀 맨 아래에 걸린 A 고무밴드 1개를 후크로 당깁니다.

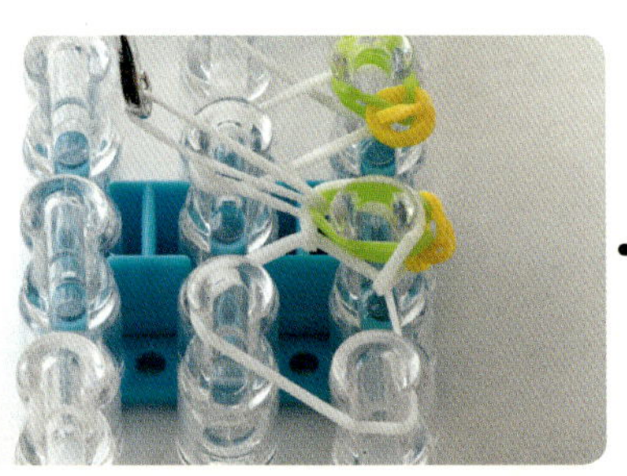

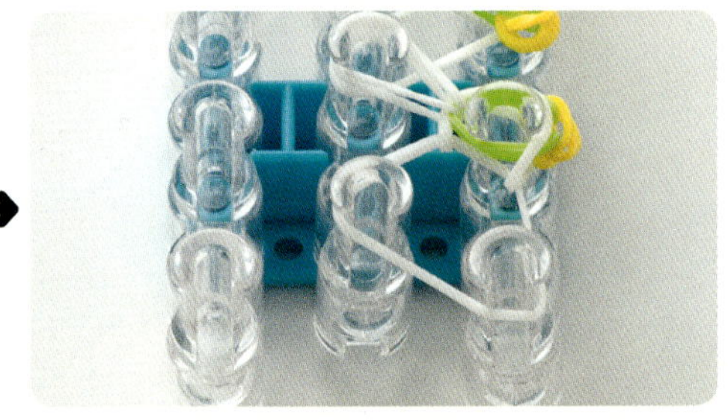

16 당긴 고무밴드를 핀에서 빼서 왼쪽 위의 핀 위에 겁니다.

이렇게 됩니다.

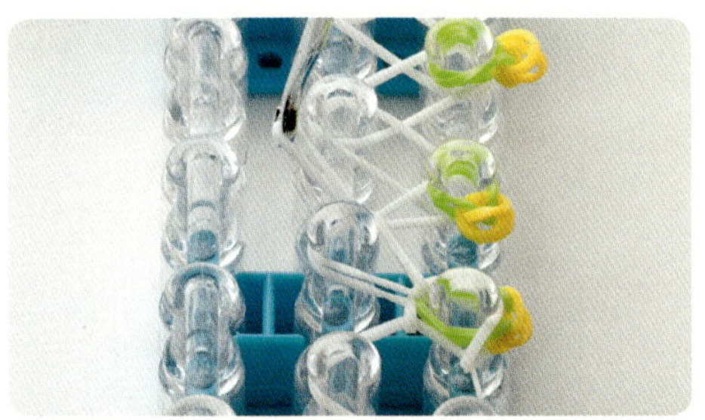

17 16번 과정에서 고무밴드를 건 핀의 맨 아래에 있는 A의 고무밴드를 후크로 당깁니다. 그리고 같은 방법으로 본체 위까지 엮습니다.

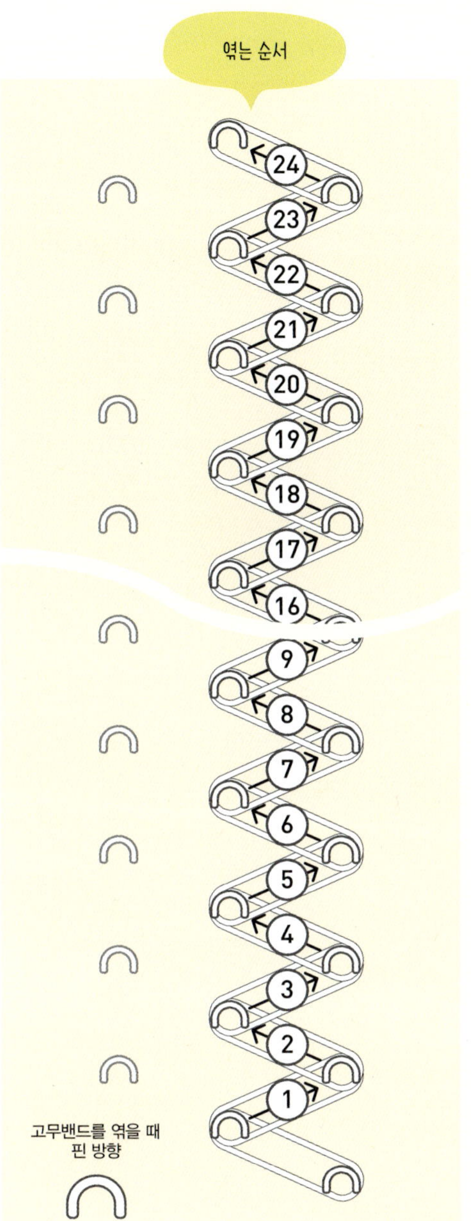

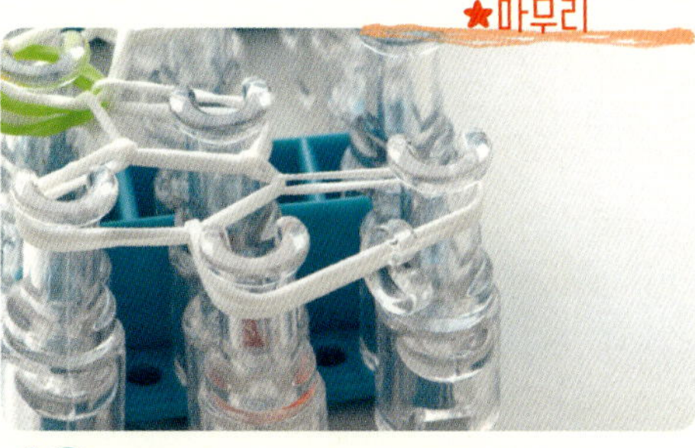

18 끝까지 엮은 후 본체를 180° 회전시킵니다. 맨 앞에 있는 고무밴드 2개에 C클립을 답니다.

19 C클립이 빠지지 않도록 조심하면서 고무밴드를 하나씩 핀에서 뺍니다.

20 다른 한쪽 끝의 고무밴드를 C클립에 걸면 완성입니다.

틀리기 쉬운 포인트

처음 팔찌를 만들 때 틀리기 쉬운 포인트는 2가지입니다. 실패해도 다시 도전해 보세요.

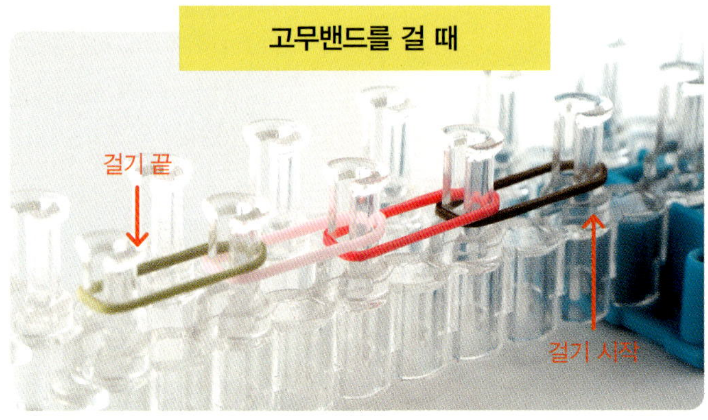

▲ 고무밴드를 걸 때는 거는 순서가 무척 중요합니다. 사진이나 【고무밴드를 거는 순서】의 그림을 보면서 걸기 시작하는 곳과 끝나는 곳의 위치를 확인합니다. 고무밴드를 겹치는 순서도 밴드를 거는 순서대로 겹쳐지도록 조심합니다.

고무밴드를 뺄 때

엮을 때는 다른 고리에 후크를 끼워 넣고 안쪽에서 당길 때와 바깥쪽에서 당길 때가 있습니다. 이때 요령은 어느 쪽인지 확인하고 엮는 것입니다.

▲ 다른 고무밴드나 핀 구멍에 후크 끝을 끼워 넣고 그 아래에 걸린 고무밴드를 다른 고리나 핀 안쪽에서 빼는 방법입니다.

▲ 후크 끝을 어디에도 끼우지 않고 핀에 걸린 고무밴드를 바깥쪽에서 빼는 방법입니다. 틀리기 쉬우니 주의하세요.

눈꽃송이 팔찌

《겨울 왕국》에 나올 법한 귀여운 눈꽃송이 버튼으로 포인트를 준 '피시테일'은 소녀 감성 스타일링에 딱!

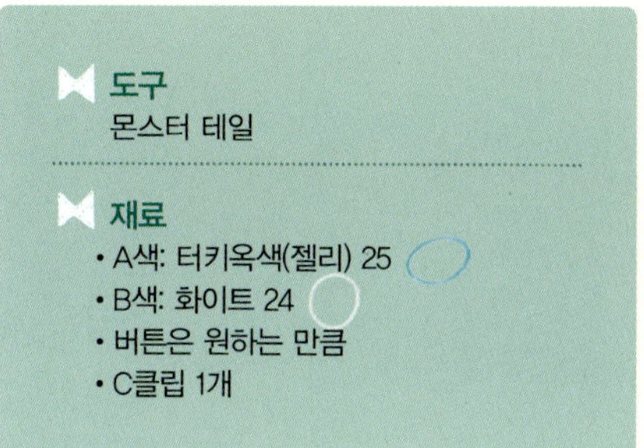

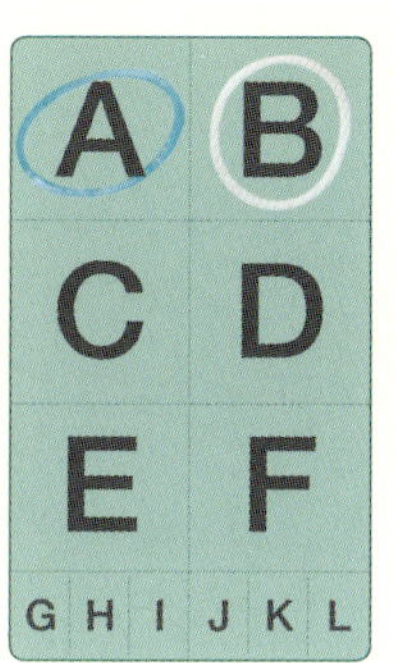

A색: 자홍색   B색: 화이트

1 A 고무밴드 1개를 이중으로 핀 2개에 꼬아서 겁니다(자세한 방법은 28쪽 1번 과정으로).

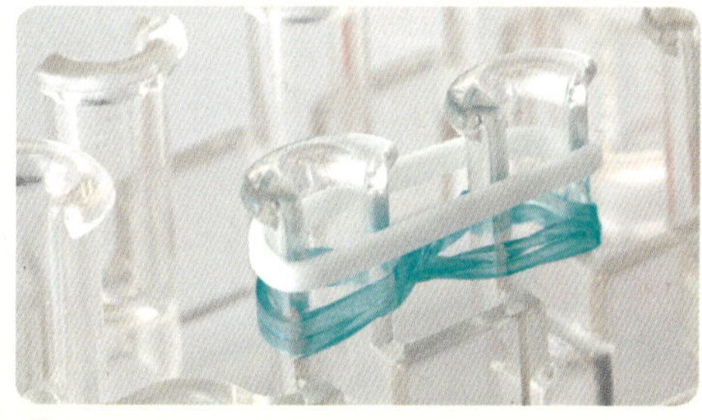

2 B 고무밴드 1개를 꼬지 말고 1의 위에 겁니다.

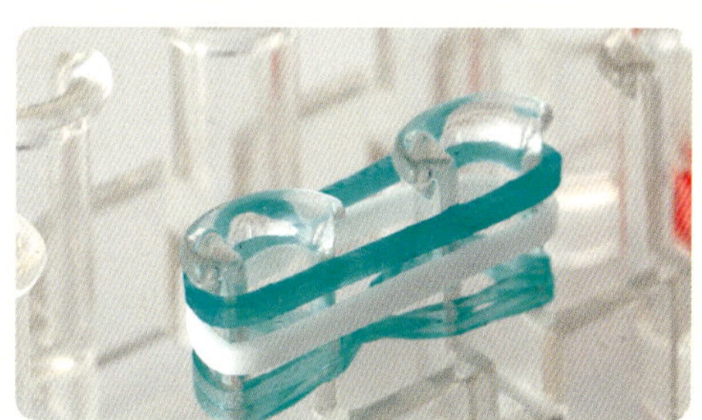

3 A 고무밴드 1개를 꼬지 말고 2의 위에 겁니다.

4 오른쪽 핀 맨 아래의 A 고무밴드를 바깥쪽에서 당깁니다. 그대로 핀에서 빼서 제일 위 고무밴드에 덮어씌워서 엮습니다.

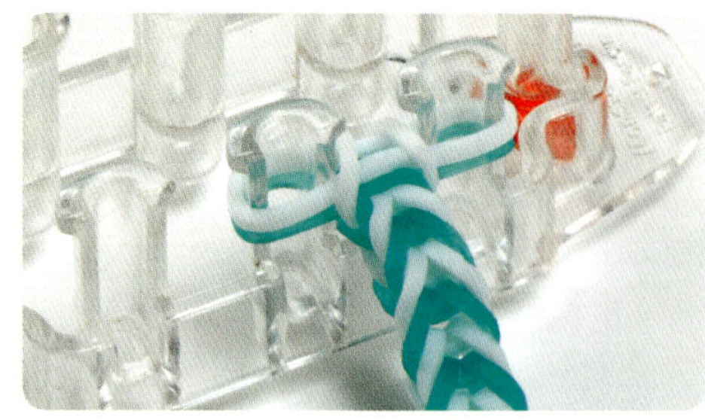

5 왼쪽도 4번 과정과 같은 방법으로 엮습니다. 바로 피시테일이라는 기본 엮기입니다. 이번에는 거는 고무밴드 색을 1개씩 교대로 바꿔서 엮습니다.

6 4~5번 과정의 엮기 방법으로 계속해서 엮습니다. A 고무밴드를 10개, B 고무밴드를 10개 엮습니다.

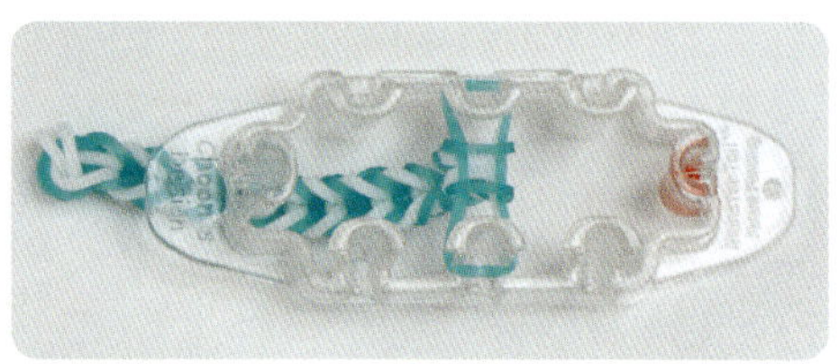

피시테일을 엮을 때, 가장 처음에 고무밴드를 거는 2개 핀은 어느 쪽을 사용해도 OK! 자신이 가장 사용하기 편한 곳을 사용합니다♡

7 버튼 뒷면의 고리에 고무밴드를 통과시킵니다. 통과시키기 힘든 경우에는 바늘 등을 사용합니다(자세한 방법은 85쪽).

8 버튼을 통과한 고무밴드를 꼬지 말고 맨 위에 걸어 같은 방법으로 계속 엮습니다. 버튼을 2개 이상 달 때는 사이에 버튼이 없는 고무밴드를 2개 이상 엮는 것이 요령입니다.

9 나머지를 엮고, A 고무밴드 마지막 1개가 남으면, 이를 이중으로 만들어서 꼬지 말고 핀 위에 겁니다.

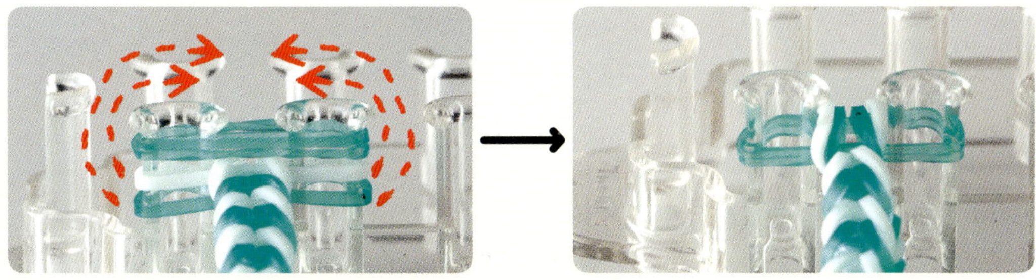

10 맨 위의 이중으로 만든 A 고무밴드 2개를 남기고, 좌우 핀 아래에 있는 A 고무밴드, B 고무밴드 양쪽을 모두 위에 덮어씌웁니다.

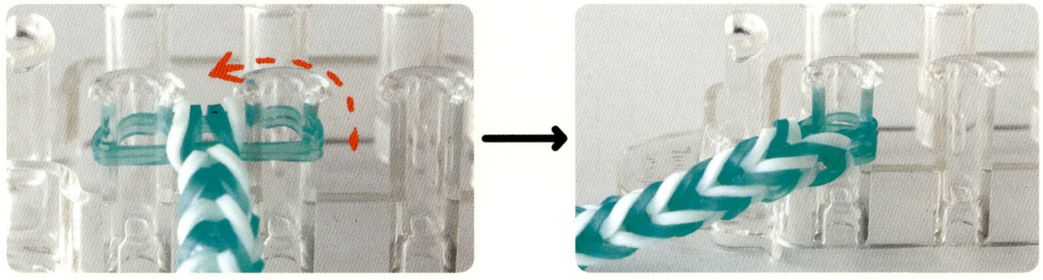

11 오른쪽 핀에 걸린 A 고무밴드를 후크로 잡아서 왼쪽 핀에 걸어 정리합니다.

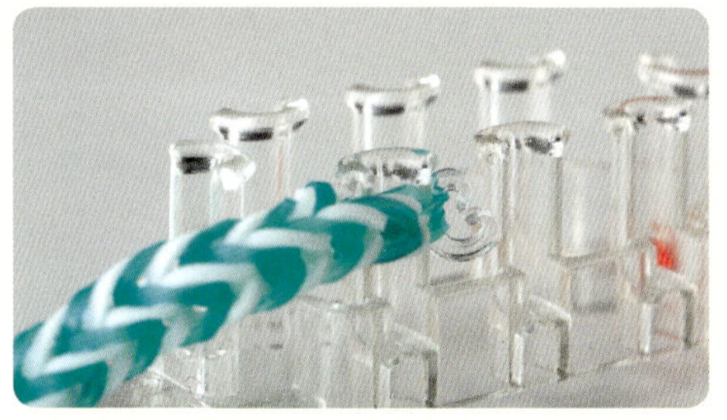

12 정리한 A 고무밴드 전부에 C클립을 겁니다.

13 다른 한쪽 끝도 C클립을 걸면 완성입니다.

비즈 장식 피시테일 팔찌

예쁘고 간단하게 엮는 기본 피시테일을 응용해서
시크한 색 비즈로 세련되고 새롭게 탄생♪

A색: 핑크
비즈 색: 레드

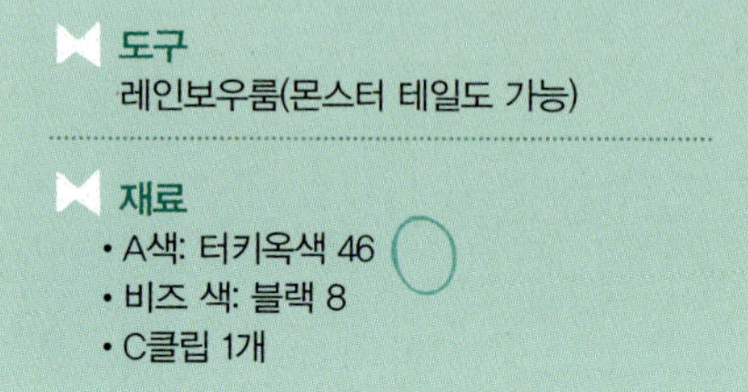

▶ 도구
레인보우룸(몬스터 테일도 가능)

▶ 재료
• A색: 터키옥색 46
• 비즈 색: 블랙 8
• C클립 1개

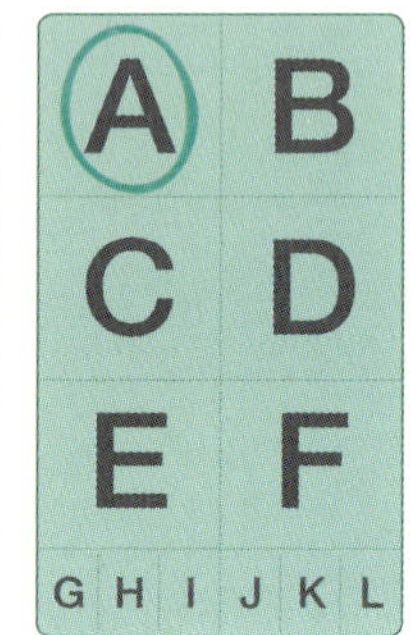

A	B
C	D
E	F
G H I J K L	

A색: 화이트
비즈 색: 블랙

★본체 준비

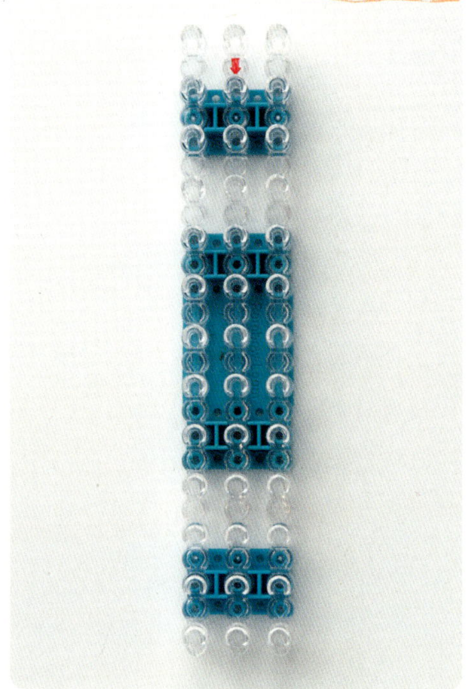

룸 본체는 배열을 정렬해서 사용하세요.

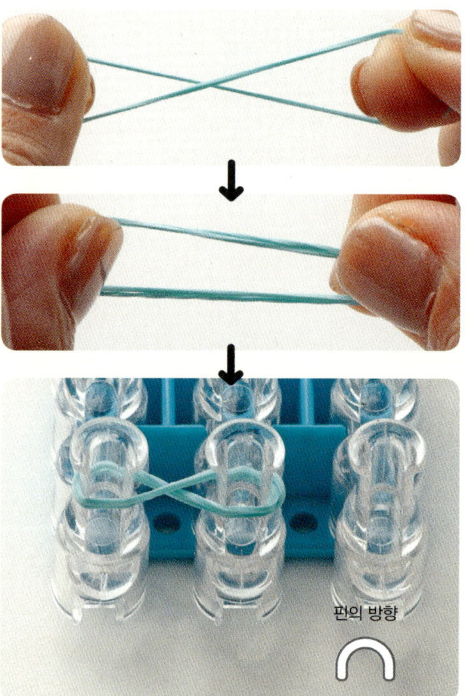

1 레인보우룸 본체를 핀이 뚫린 쪽이 아래를 향
하게 놓습니다. A 고무밴드 1개를 한 번 꼬아서
이중으로 만든 다음, 핀 2개에 8자 모양으로 겁니다.

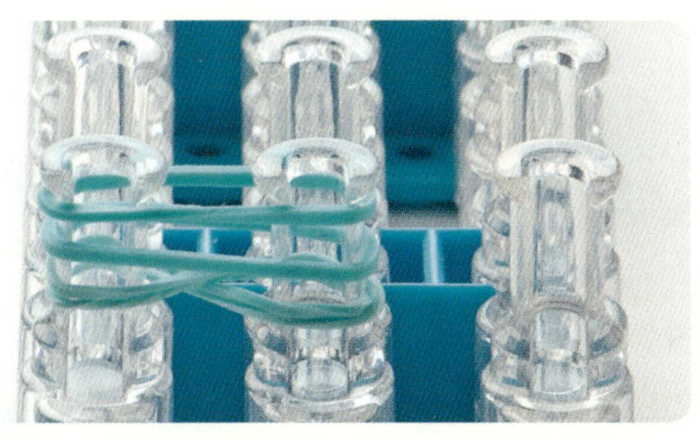

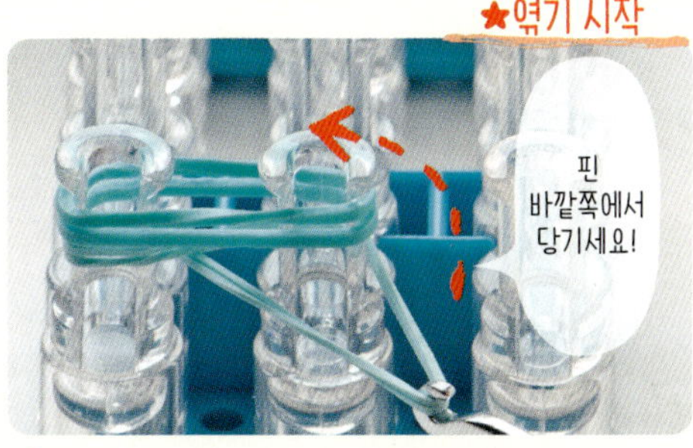

2 A 고무밴드 2개를 꼬지 말고 1번에서 만든 고리 위에 겁니다.

3 오른쪽 핀의 맨 아래에 있는 고무밴드 1개(이중)를 후크를 이용해 바깥쪽에서 뺍니다.

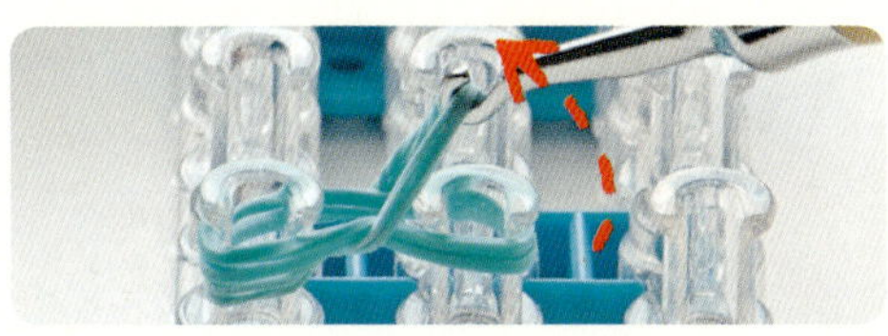

4 그대로 핀에서 빼내서 위의 고무밴드에 덮어씌우듯이 엮습니다. 이렇게 오른쪽이 완성되었습니다.

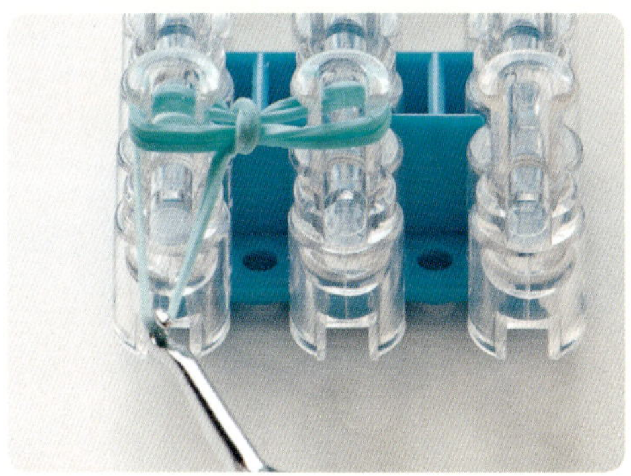

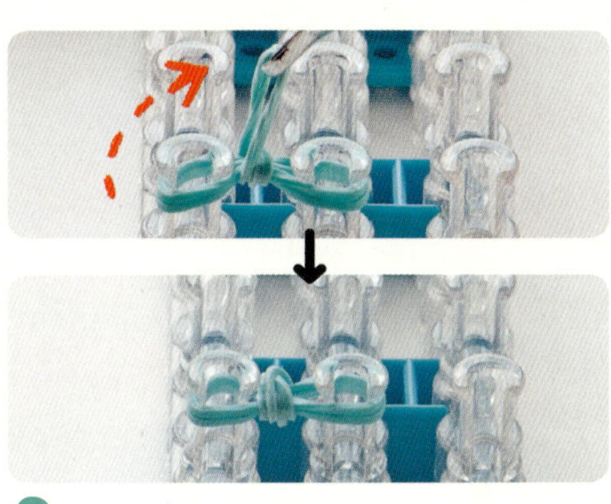

5 이번에는 왼쪽 핀 제일 밑의 고무밴드 1개(이중)를 바깥쪽에서 뺍니다.

6 그대로 핀에서 빼내서 위의 고무밴드에 덮어씌우듯이 엮습니다. 이렇게 왼쪽도 엮어서 1번째 단이 완성되었습니다.

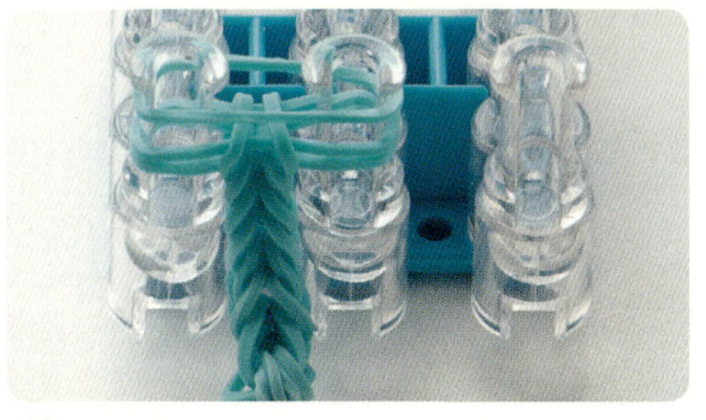

7 이후부터는 A 고무밴드를 핀 2개에 걸어서 3~6번 과정과 같은 방법으로 반복해서 엮습니다. 비즈를 넣을 때는 A 고무밴드 12개째 부분에서 일단 멈춥니다.

비즈 넣는 방법 

8 비즈 구멍에 A 고무밴드를 끼워서 사진처럼 2개의 핀 위에 겁니다(간단한 비즈 꿰기 방법은 85쪽으로).

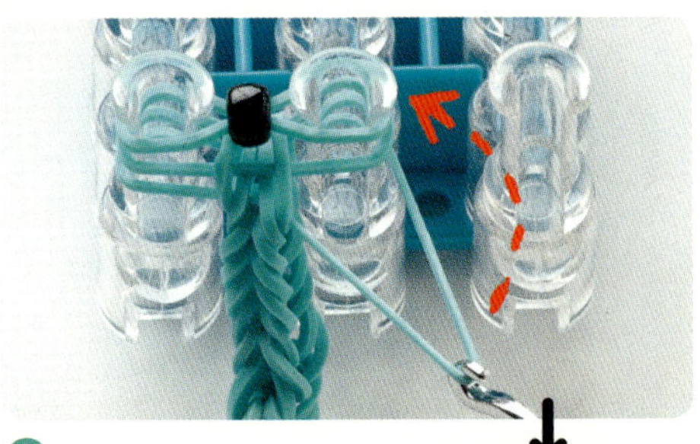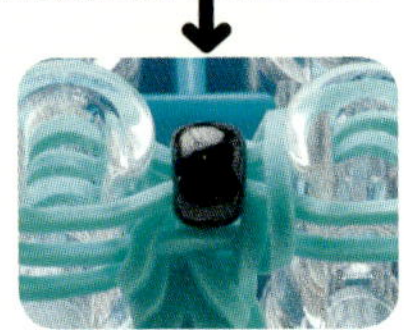

9 3번처럼 오른쪽 핀 제일 아래의 고무밴드를 바깥쪽에서 빼서 위에 덮어씌웁니다. 오른쪽 사진처럼 됩니다.

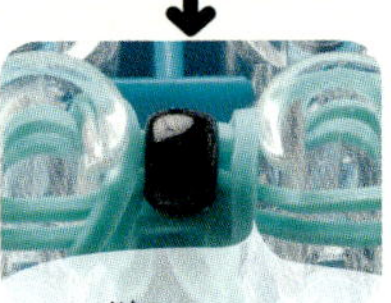

10 5번처럼 왼쪽 핀 제일 아래의 고무밴드를 바깥쪽에서 당겨 위에 덮어씌웁니다. 이렇게 비즈가 들어간 단이 완성되었습니다.

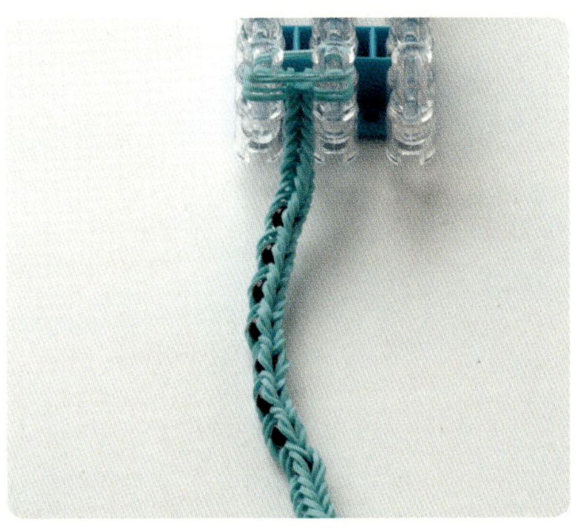

11 같은 방식으로 계속 엮습니다. 비즈를 넣을 때는 오른쪽 그림을 참고해서 비즈 단을 잘 끼워 넣으며 만드세요.

12 A 고무밴드가 마지막에 1개 남으면, 이중으로 만들어서 꼬지 말고 핀 위에 겁니다.

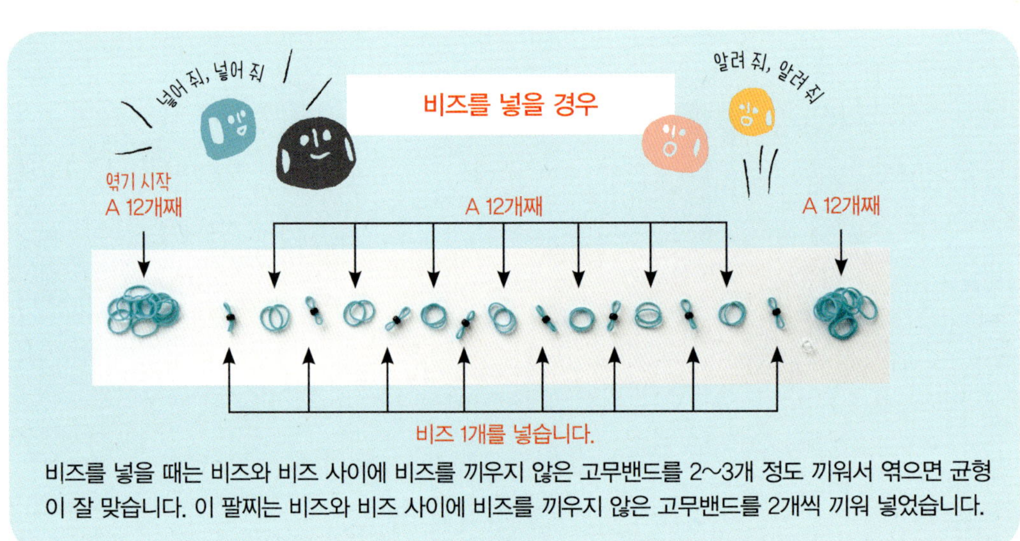

비즈를 넣을 때는 비즈와 비즈 사이에 비즈를 끼우지 않은 고무밴드를 2~3개 정도 끼워서 엮으면 균형이 잘 맞습니다. 이 팔찌는 비즈와 비즈 사이에 비즈를 끼우지 않은 고무밴드를 2개씩 끼워 넣었습니다.

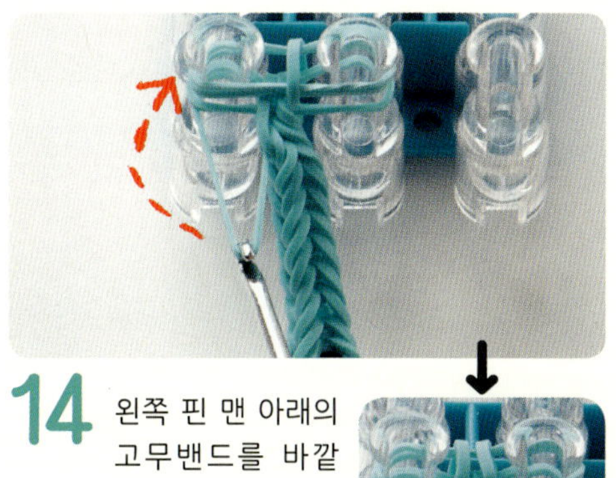

13 오른쪽 핀 맨 아래의 고무밴드를 바깥쪽에서 당겨 위에 덮어씌웁니다.

14 왼쪽 핀 맨 아래의 고무밴드를 바깥쪽에서 당겨 위에 덮어씌웁니다.

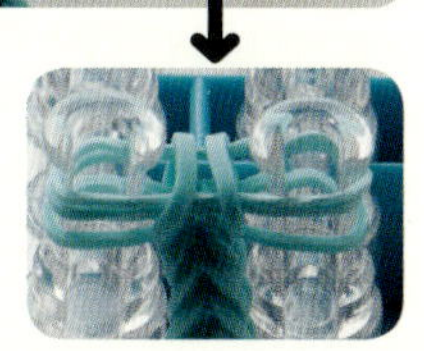

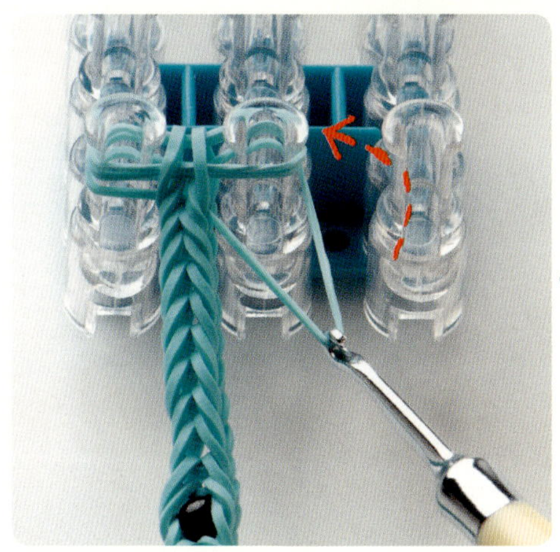

15 오른쪽 핀 맨 아래의 고무밴드를 바깥쪽에서 당겨 위에 덮어씌웁니다.

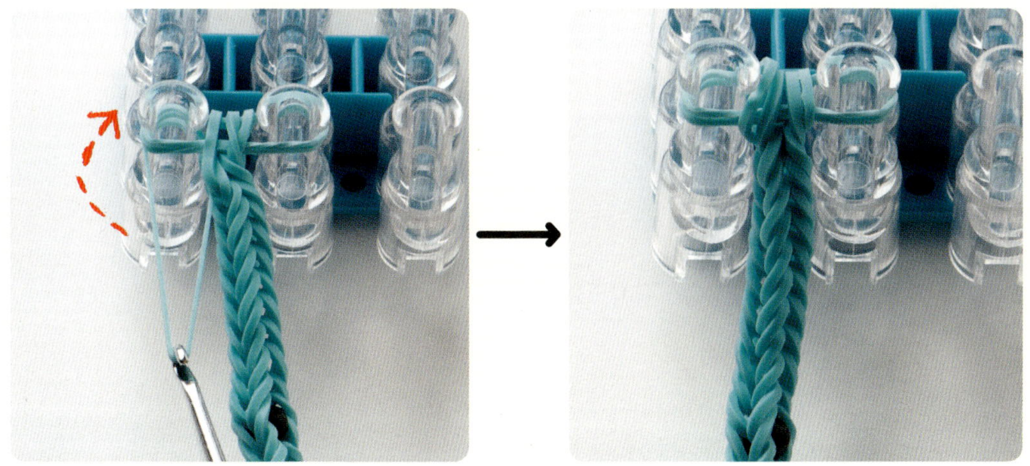

16 왼쪽 핀 맨 아래의 고무밴드를 바깥쪽에서 당겨 위에 덮어씌웁니다.

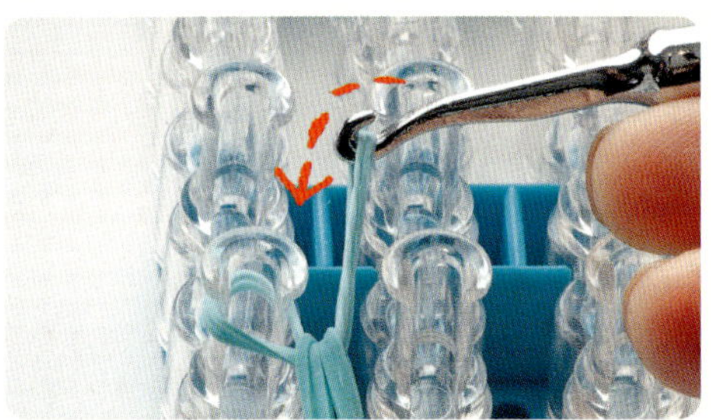

17 오른쪽 핀의 고무밴드를 전부 후크로 당겨
서 왼쪽 핀에 겁니다.

18 핀에 남은 고무밴드 전부에 C클립을 겁니다.
C클립이 빠지지 않도록 조심해서 고무밴드
를 핀에서 빼냅니다.

19 나머지 한쪽 고무밴드 끝에 C클립을 걸어
고정하면 완성입니다.

버튼을 이용한 산딸기 팔찌
🌲 Inverted Fishtail with Button

피시 테일과 약간 다르지만, 버튼을 이용해
간단하게 팔찌를 만드는 법을 배워 보아요 ♪

A색: 화이트
B색: 터키옥색(젤리)

A색: 화이트 　 B색: 블루(파스텔)
C색: 올리브그린

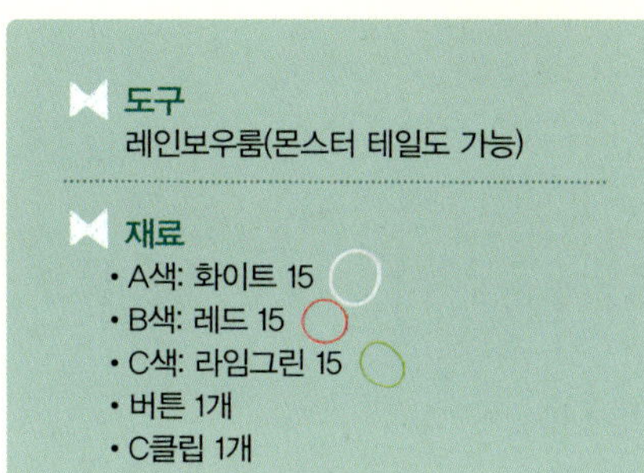

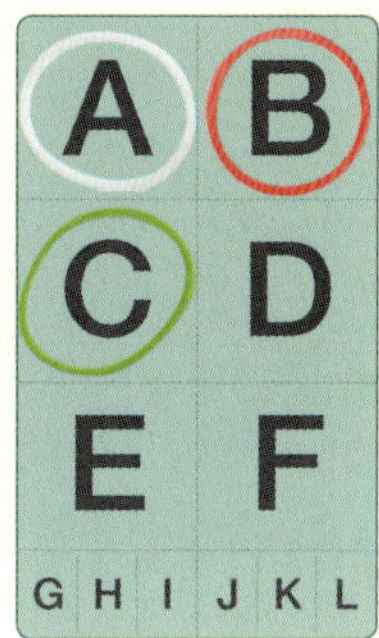

▶ 도구
레인보우룸(몬스터 테일도 가능)

▶ 재료
• A색: 화이트 15
• B색: 레드 15
• C색: 라임그린 15
• 버튼 1개
• C클립 1개

A	B
C	D
E	F

G H I J K L

1 룸 본체는 2줄만 사용합니다. 핀이 뚫린 쪽이
아래로 향하도록 위치를 조정해서 2줄을 세팅
하세요.

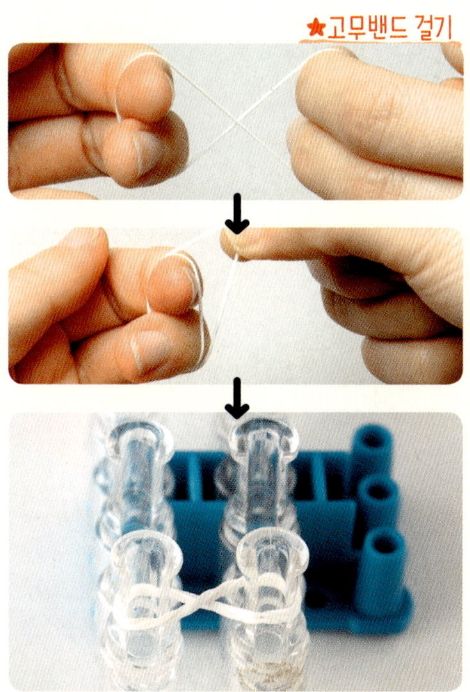

2 A 고무밴드 1개를 꼬아서 이중으로 만든 고무
밴드를 손가락에 걸어 둡니다. 그 고무밴드를
8자 모양으로 만들어서 핀 2개에 겁니다.

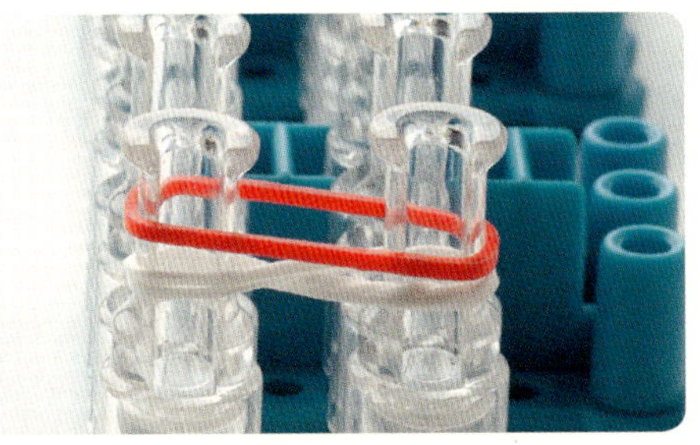

3 B 고무밴드 1개를 꼬지 말고 2번 과정에서 걸어 둔 고무밴드 위에 겁니다.

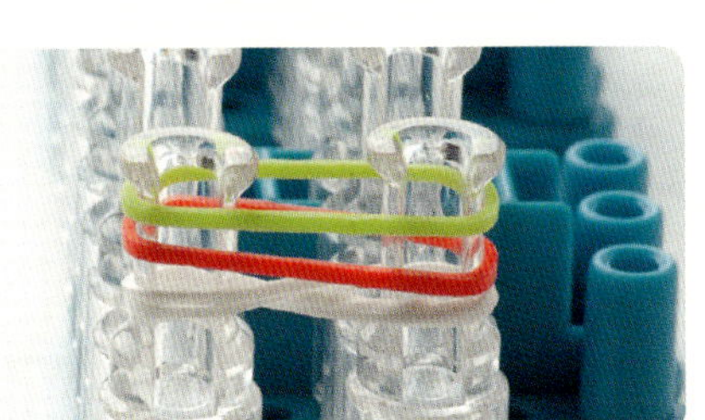

4 C 고무밴드 1개를 꼬지 말고 그 위에 겁니다.

5 오른쪽 핀 제일 아래에 있는 A 고무밴드 2개를 모두 후크로 걸어서 핀에서 빼고, 위에 덮듯이 엮습니다.

6 마찬가지로 왼쪽 핀 맨 아래에 있는 A 고무밴드 2개를 후크로 당겨서 핀에서 빼고 위쪽에 덮어씌우 듯이 엮습니다.

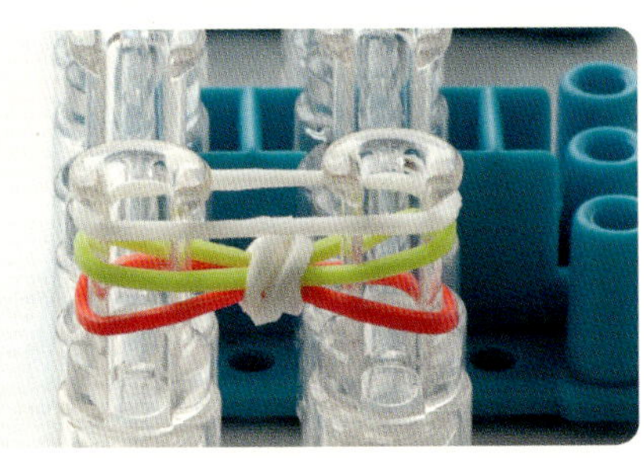

7 A 고무밴드 1개를 꼬지 말고 6번에서 걸어 둔 고무밴드 위에 겁니다.

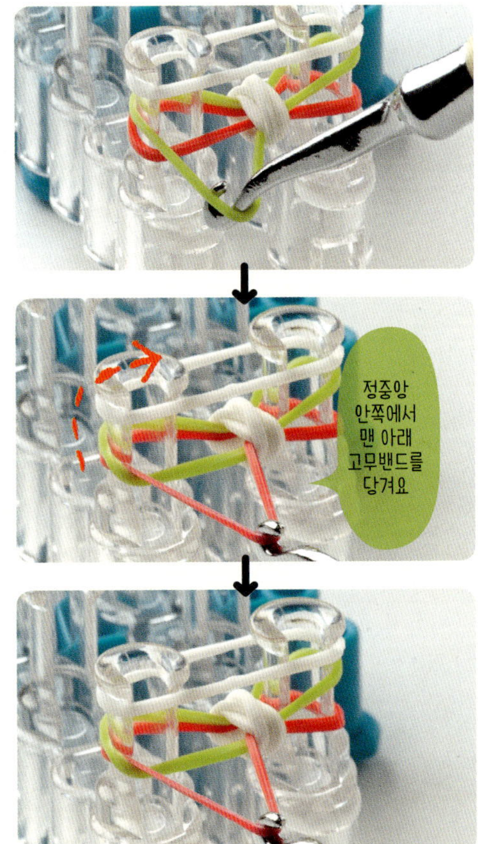

8 왼쪽 핀 정중앙에 걸린 C 고무밴드 안쪽으로 후크를 끼워서 맨 아래의 B 고무밴드를 걸어서 당긴 후, 핀에서 빼서 위에 덮어씌웁니다.

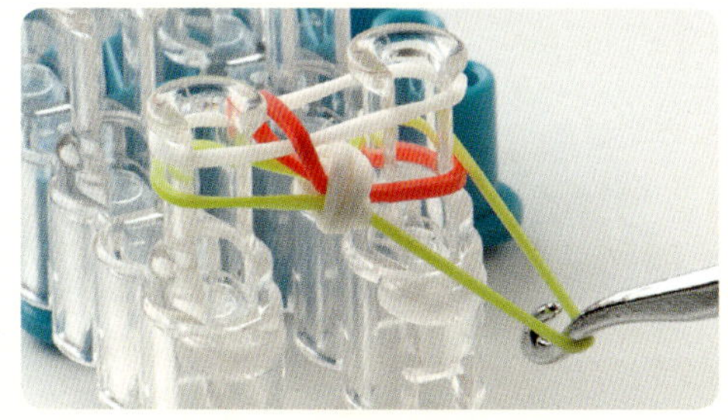

↓

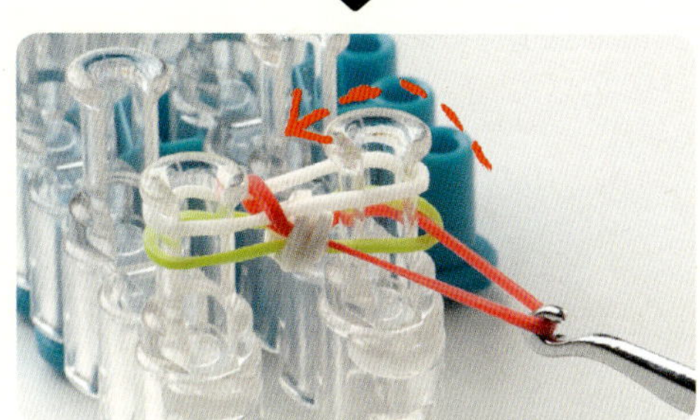

↓

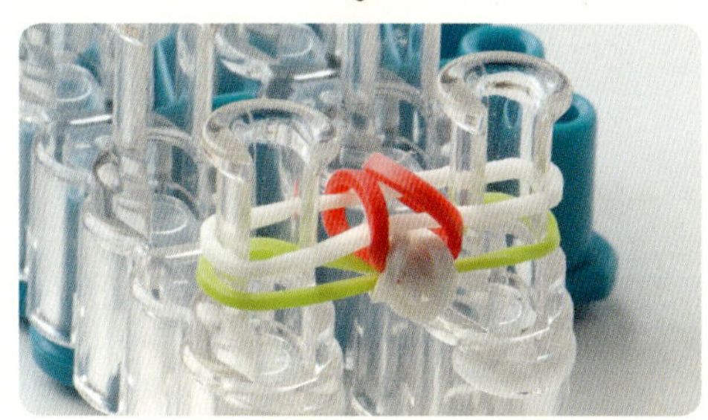

9 오른쪽도 마찬가지로 정중앙에 걸린 C 고무밴드 안쪽에 후크를 끼우고, 맨 아래의 B 고무밴드를 걸어서 당긴 후, 핀에서 빼서 위에 덮어씌웁니다.

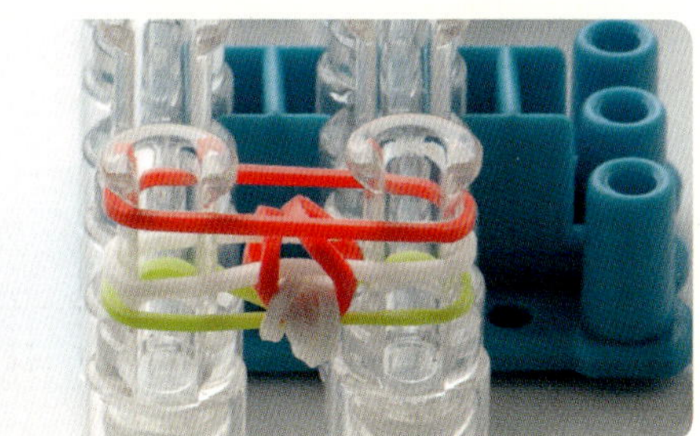

10 A~C 고무밴드의 색깔에 순서를 정하고 같은 방법으로 계속 엮습니다.

11 반쯤 만들어졌을 때 버튼 뒤의 구멍에 A 고무밴드 1개를 끼웁니다(자세한 것은 85쪽으로).

12 버튼을 통과한 A 고무밴드를 핀 2개의 위에 겁니다.

13 같은 방법으로 계속 엮습니다.

14 마지막에 남은 고무밴드 1개를 이중으로 만들어서 꼬지 말고 맨 위에 겁니다.

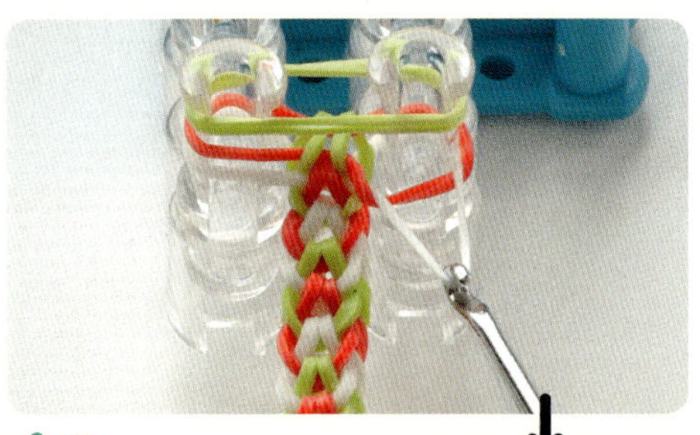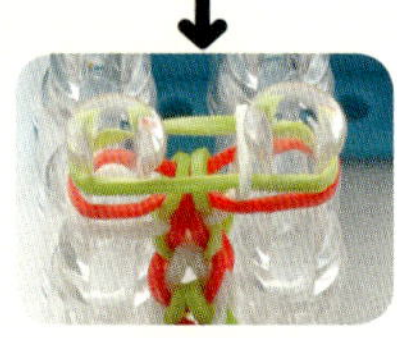

15 같은 방식으로 오른쪽 정중앙의 고무밴드 안쪽에 후크를 끼워서 맨 아래 고무를 당긴 후, 위에 덮어씌웁니다.

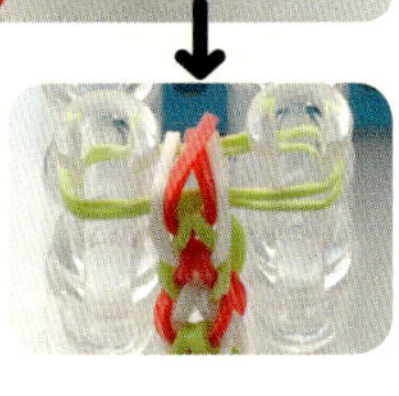

16 왼쪽도 같은 방법으로 정중앙의 고무밴드 안쪽에 후크를 끼워서 맨 아래 고무를 당긴 후, 위에 덮어씌웁니다.

17 오른쪽 맨 아래 고무밴드 1개를 당겨서 위에 덮어씌웁니다.

18 왼쪽도 마찬가지로 맨 아래 고무밴드 1개를 당겨서 위에 덮어씌웁니다.

19 오른쪽 핀의 고무밴드를 왼쪽 핀으로 옮겨 정리하고, 모든 고무밴드에 C클립을 통과시킵니다.

20 다른 한쪽 끝의 고무밴드를 C클립으로 고정하면 완성입니다.

일루전 팔찌
🌲 Illusion Bracelet

피시테일을 살짝 변형해 볼까요? 고무밴드
를 비즈처럼 보이게 만드는 심플한 팔찌를
만들 수 있어요♪

A색: 화이트 　　B색: 네이비블루(젤리)
C색: 오션블루(젤리) 　D색: 터키옥색(젤리)

A색: 화이트 　　B색: 오렌지(젤리)
C색: 핑크(젤리)

❯❯ 도구
레인보우룸(몬스터 테일도 가능)

❯❯ 재료
- A색: 화이트 29
- B색: 옐로(젤리) 15
- C색: 터키옥색(젤리) 14
- C클립 1개

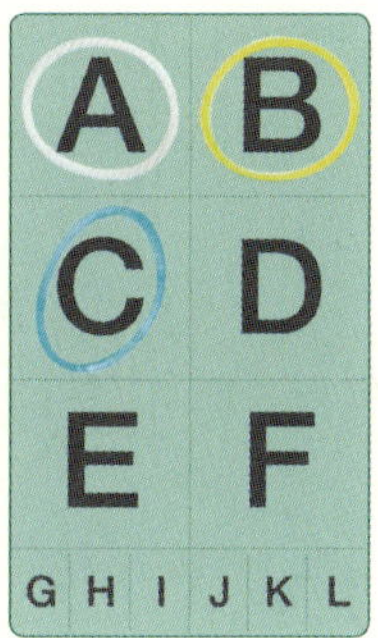

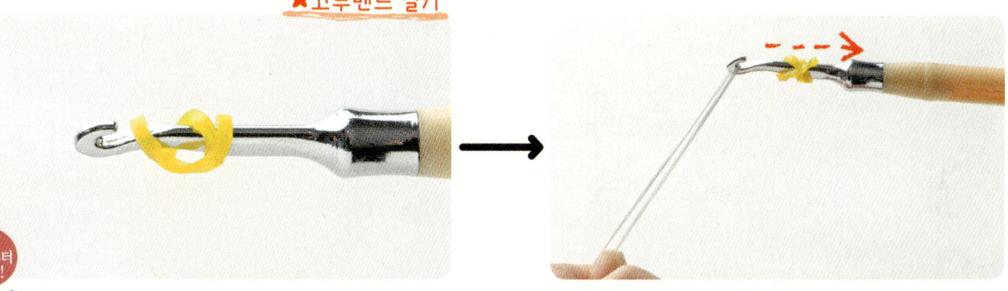

1 후크 끝에 B 고무밴드 1개를 2번 감아서 삼중으로 만듭니다. A 고무밴드 1개를 B의 고리 속으로 통과시킵니다.

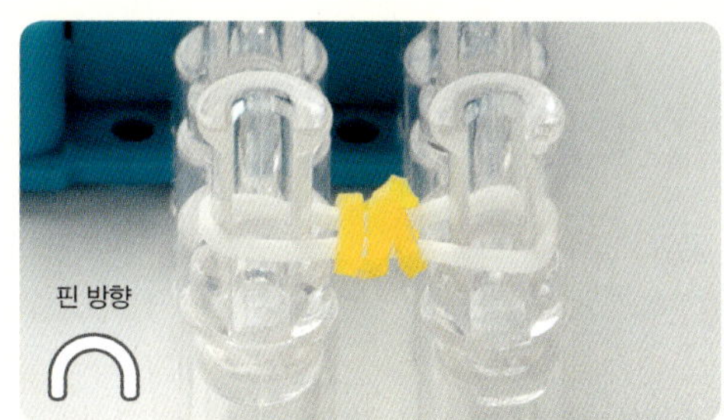

2 룸 본체는 2줄을 사용합니다. 1번의 고무밴드
를 꼬지 말고, 이웃하는 핀 2개에 겁니다(대각
선에 있는 핀끼리 거는 것도 가능).

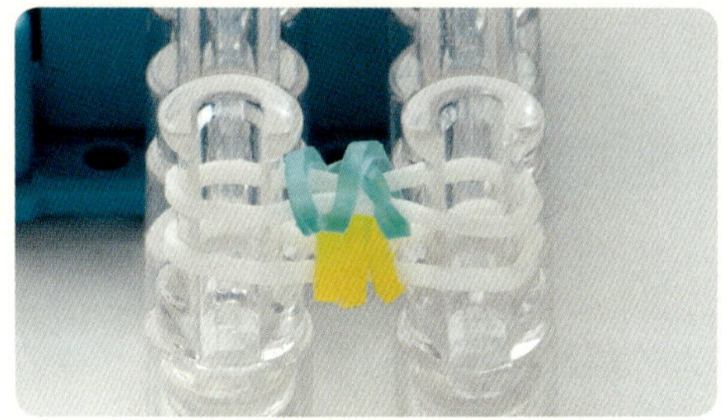

3 1번과 같은 방법으로 삼중으로 만든 C 고무밴
드 1개 속에 A 고무밴드 1개를 통과시켜서 2개
의 핀 위에 겁니다.

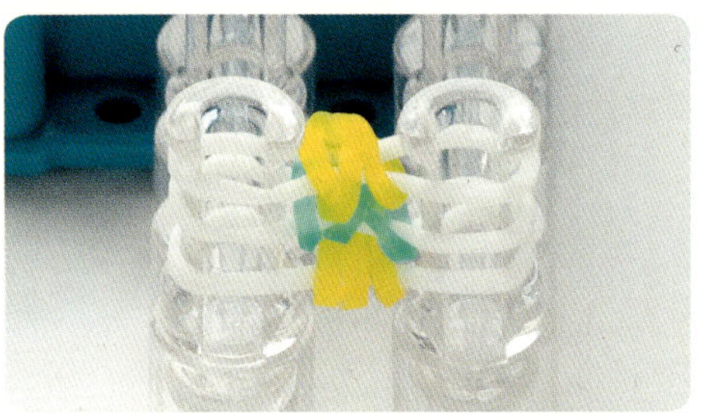

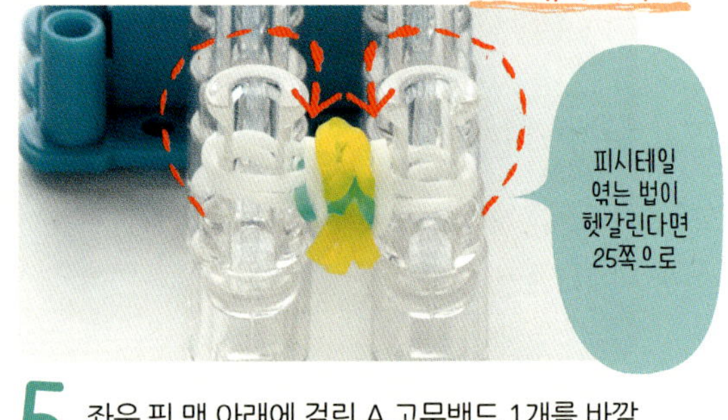

4 마찬가지로 삼중으로 만든 B 고무밴드 1개 속으로 A 고무밴드 1개를 통과시켜서 2개의 핀 위에 겁니다.

5 좌우 핀 맨 아래에 걸린 A 고무밴드 1개를 바깥쪽에서 당겨서 핀에서 빼고, 위의 고무밴드를 덮듯이 엮습니다.

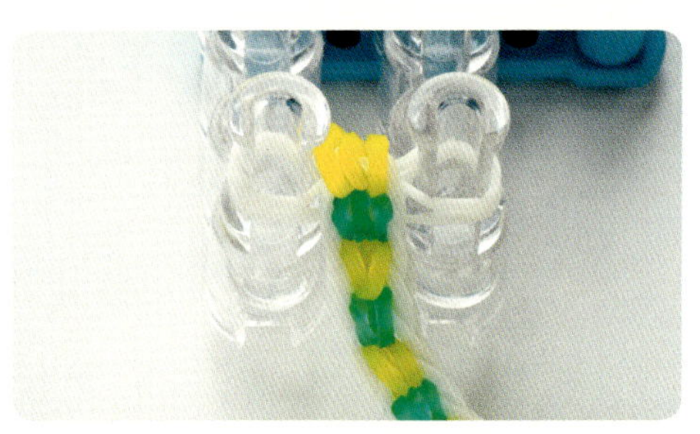

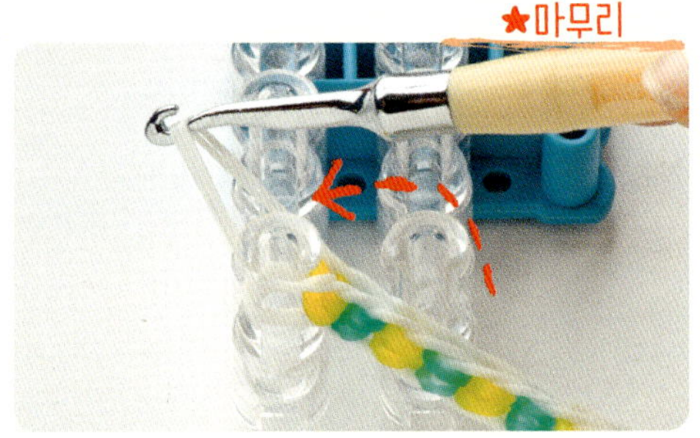

6 감는 고무밴드 색상을 서로 바꿔 가면서 같은 방법으로 끝까지 엮습니다.

7 마지막 고무밴드까지 다 엮었다면, 오른쪽 핀에 걸린 고무밴드 2개를 후크로 당겨서 왼쪽 핀 위에 겁니다.

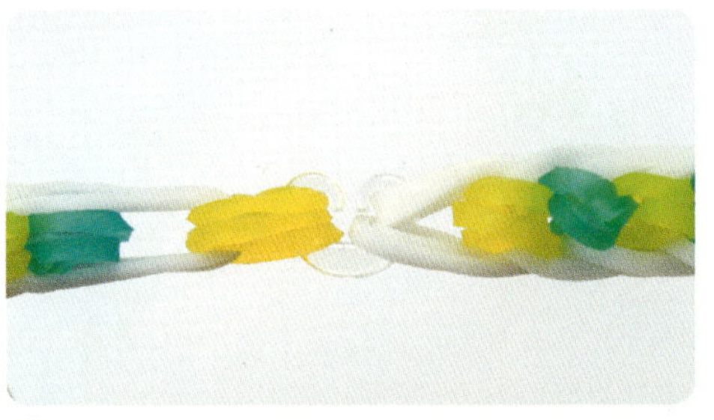

8 왼쪽 핀에 걸린 고리 전체에 C클립을 겁니다. 조심해서 고무밴드를 핀에서 뺍니다.

9 다른 쪽 끝 고리를 C클립에 걸면 완성입니다.

 # '피시테일'을 반대로 해 보면?

기본 방법인 '피시테일'은 다양한 방면에서 활약합니다. 재밌는 변형 중 하나가 피시테일을 도중에 반대로 뒤집는 방법입니다. 후크로 뒤집어서 짜면 전혀 다른 디자인의 팔찌가 탄생합니다. 기본 피시테일에 익숙해졌다면 반드시 도전해 봅시다!

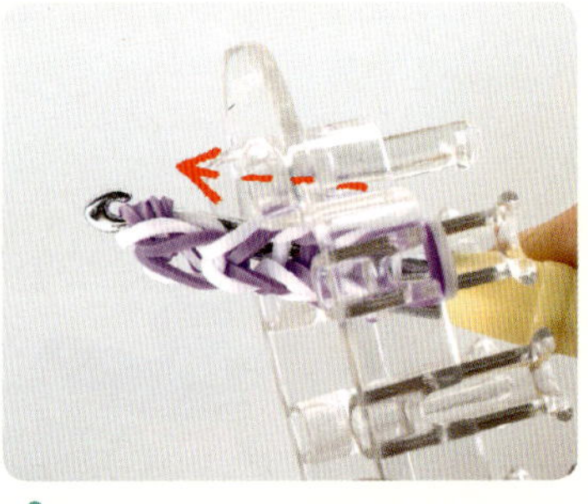

1 우선 피시테일을 5, 6단정도 엮습니다. 다 엮으면 엮은 부분의 중심으로 몰래 들어가듯 신중하게 후크를 끼워 넣습니다.

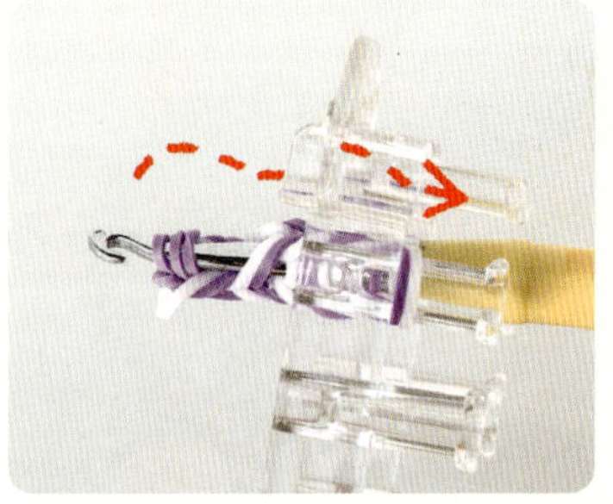

2 끼워 넣은 후크 끝을 엮은 부분의 끝에 걸고 조금씩 후크로 당겨서 천천히 뒤집습니다.

3 전부 뒤집으면 엮은 부분이 위로 튀어나옵니다. 이후에는 위로 돌출된 부분에 고무밴드를 통과시킨 후 고무를 핀에 걸어서 피시테일 방법으로 엮어 갑니다.

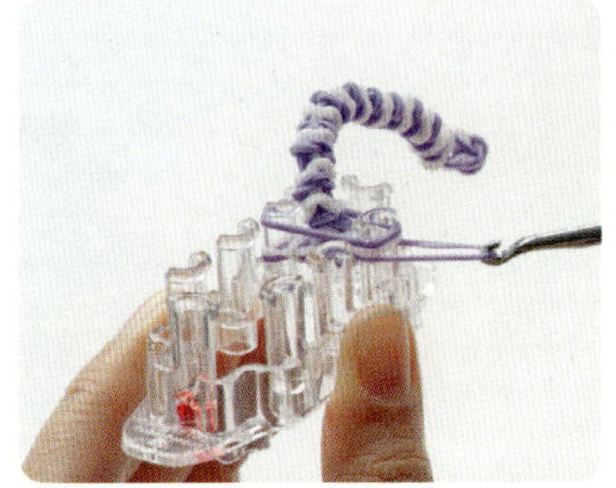

4 다 엮은 부분을 위로 당깁니다. 다 엮은 부분이 점점 완성됩니다.

완성!

🌿 피시테일 색상 견본

고무밴드의 색상을 늘려 가면서 조합이나 순서만 바꿔도 다양한 종류의 예쁜 팔찌를 만들
수 있습니다. 견본을 참고해서 나만의 색깔로 만들어 봅시다!

🔴 1종류 고무로

고리 하나에 2가지 색이 들어간 고무밴드를 사용하
면 아래처럼 됩니다.

🔴 2종류 고무로

1개씩, 2개씩, 5개씩, 혹은 랜덤으로 고무밴드를 조
합하는 방법에 따라 무늬가 변합니다.

🔴 3종류 고무로

3가지 색으로는 상당히 다양한 변주가 가능합니다.
색상만 바꿔도 느낌이 확 바뀝니다!

4색 이상을 사용해서 점점 복잡하게 만들어 봅시다. 그러면 무지개
(레인보우)가 만들어집니다!

보석 귀고리

보석으로 만든 반지처럼 예쁘게 흔들리는
귀고리. 탄생석 색깔로 만들어도 좋아요♪

> **도구**
> 레인보우룸, 펜치 2개, 가위
>
> **재료(귀고리 2개분)**
> - A색: 화이트 17×2
> - B색: 터키옥색 4×2
> - C색: 레드 2×2
> - 논피어싱 귀걸이 후크 1쌍
> - O링 2개

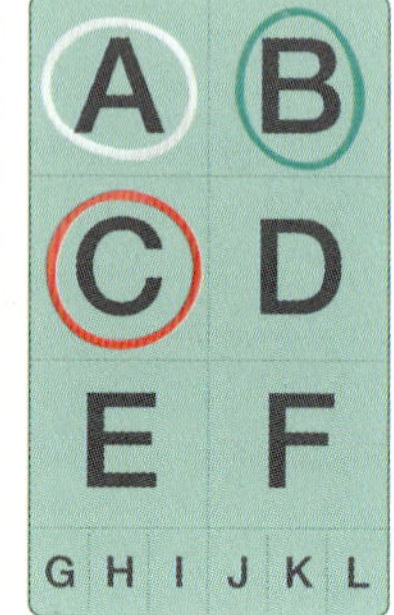

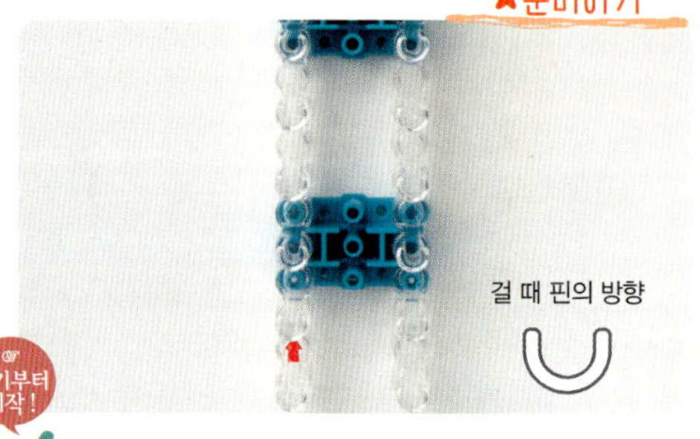

1 룸 본체는 가운뎃줄을 빼 둡니다. 룸 본체의 핀은 뚫린 부분이 위쪽을 향하게 합니다.

2 A 고무밴드 1개를 이중으로 만들어서 왼쪽 줄 맨 앞 핀부터 2번째 핀에 겁니다.

3 A 고무밴드 1개를 이중으로 만들어서 왼쪽 줄 2번째 핀에서 3번째 핀에 겁니다.

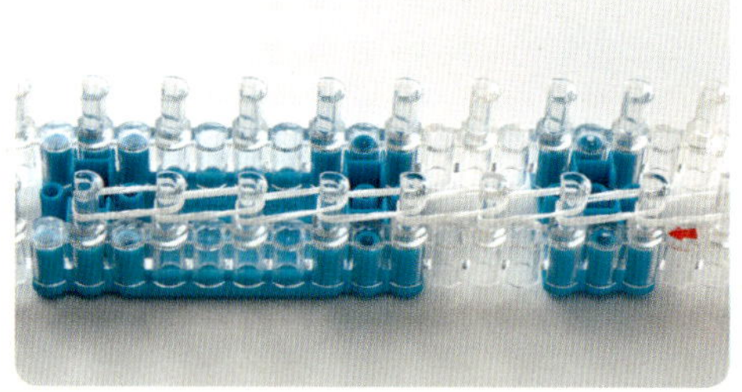

4 45쪽의 【고무밴드를 거는 순서】를 보면서 A 고무밴드 1개를 이중으로 만들어 다음 핀에 겁니다. 이 과정을 총 8번 반복합니다.

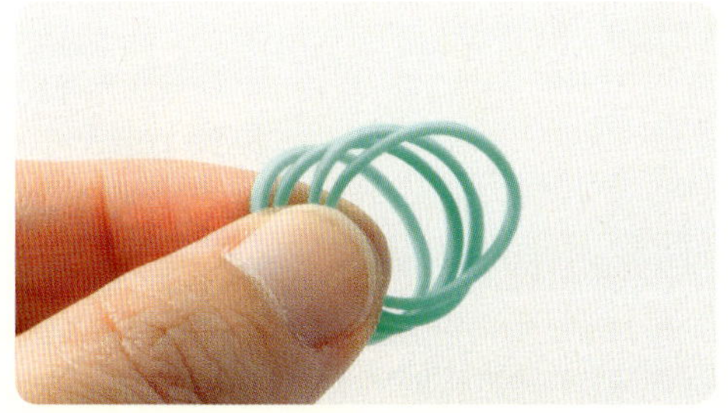

5 B 고무밴드 4개를 함께 손에 쥡니다.

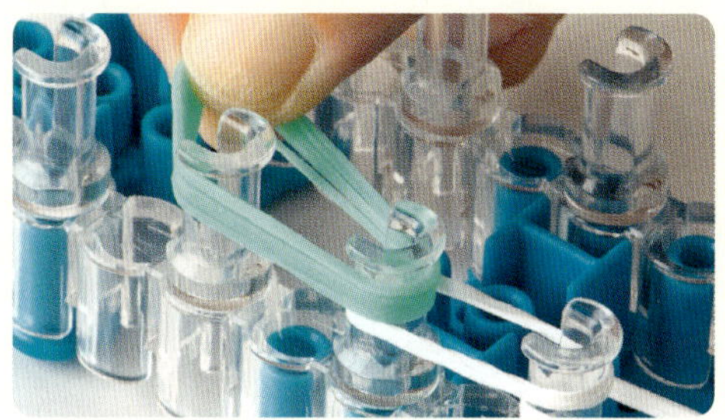

6 손에 쥔 B 고무밴드 4개를 한꺼번에 겁니다. 가능한 한 서로 얽히지 않게 거는 것이 요령입니다.

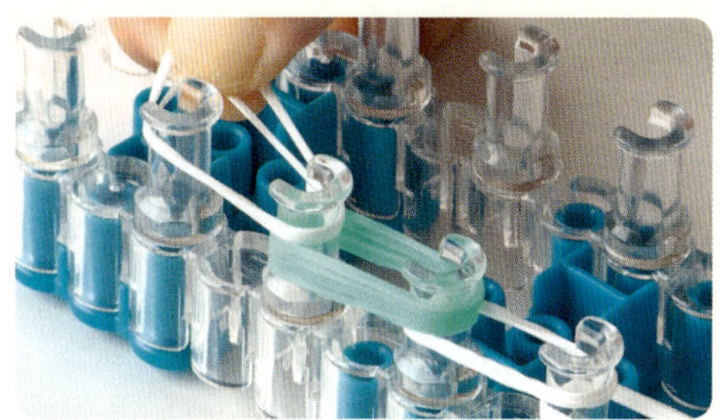

7 다시 한 번 A 고무밴드 1개를 이중으로 만들어서 왼쪽 줄 끝까지 계속해서 겁니다.

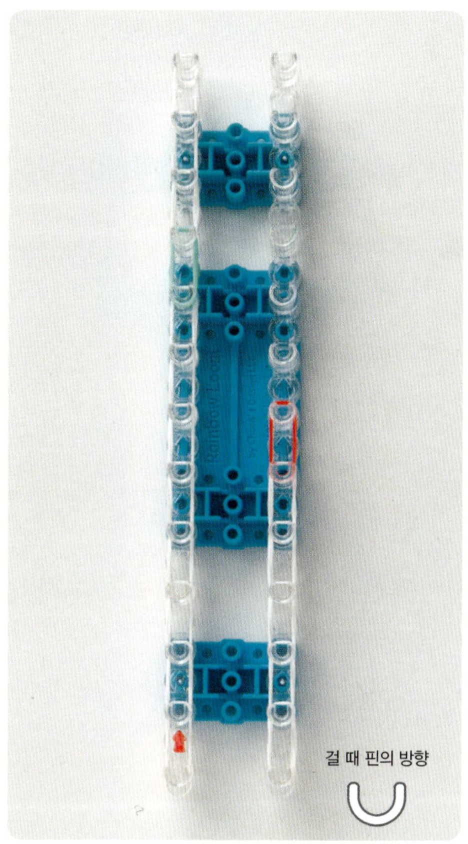

8 【고무밴드를 거는 순서】를 보면서 오른쪽 줄 맨 앞에서부터 A 고무밴드 1개를 이중으로 만들어 아래부터 순서대로 걸고, 마지막만 C 고무밴드 2개를 겁니다.

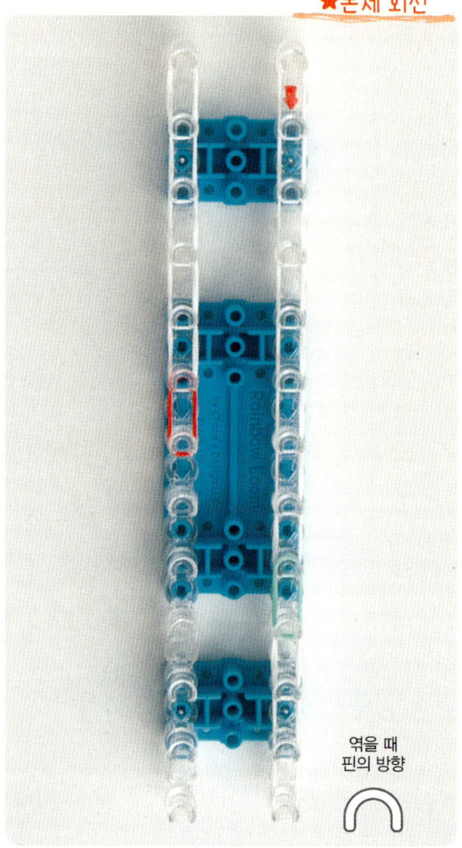

9 다 걸었다면 룸 본체를 180° 회전시킵니다. 핀은 뚫린 쪽이 아래를 향하게 합니다.

10 왼쪽 줄의 C 고무밴드 안쪽에 후크를 끼워서 C 고무밴드 아래에 있는 이중으로 만든 A 고무밴드를 당깁니다.

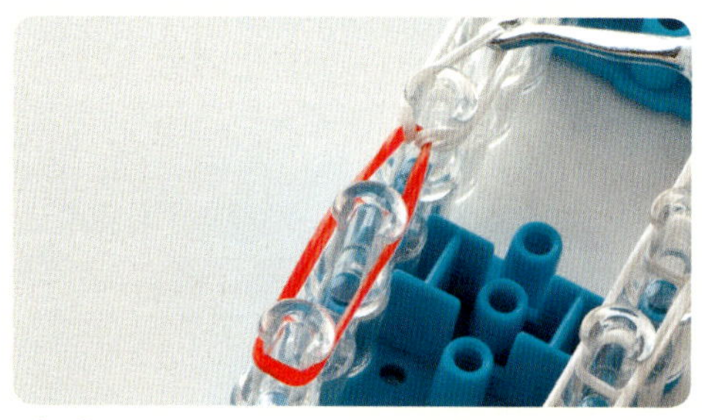

11 당긴 고무밴드를 그대로 핀에서 빼서 그 위의 핀에 겁니다. C 고무밴드가 사진처럼 당겨졌는지 확인합니다.

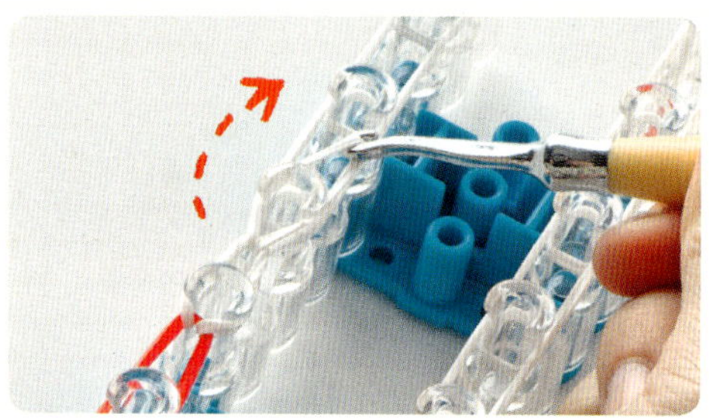

12 다음도 맨 아래에 있는 A 고무밴드 2개를 후크에 걸어서 핀에서 빼고, 그 위의 핀에 겁니다. 이 과정을 왼쪽 줄 맨 위까지 반복합니다.

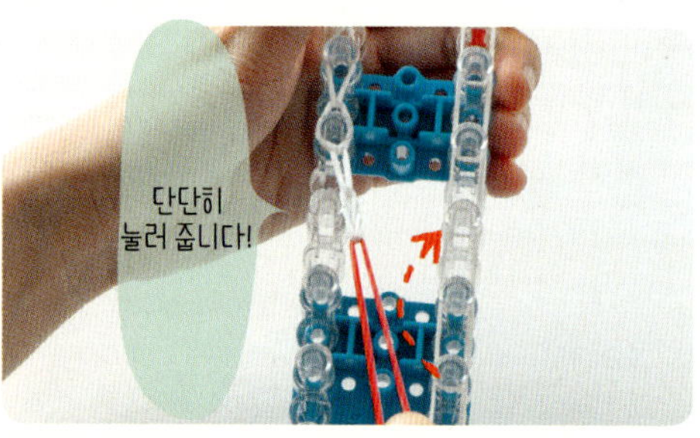

13 왼쪽 줄 끝까지 다 엮었다면 제일 안쪽의 고무밴드가 빠지지 않도록 손가락으로 눌러줍니다. C 고무밴드를 잡고 신중하게 빼냅니다.

걸 때 핀의 방향

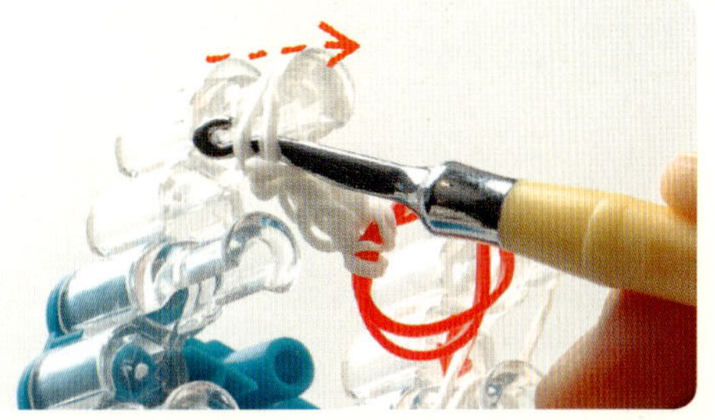

14 제일 위 핀에 남겨 손가락으로 누르고 있던 A 고무밴드를 후크로 뺍니다.

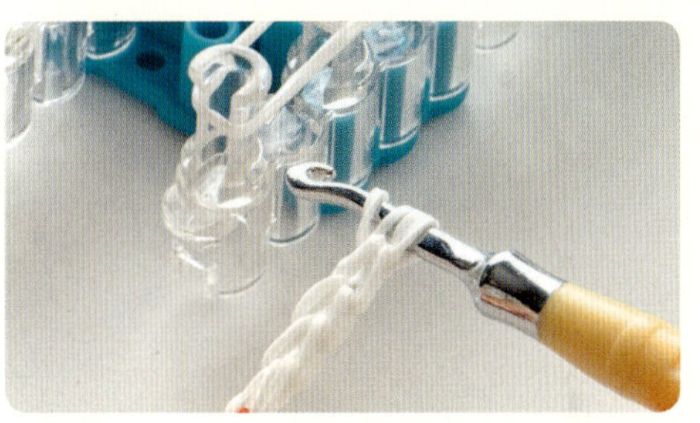

15 고무밴드를 후크로 이동시키면 이렇게 됩니다. 이를 오른쪽 줄로 옮깁니다.

16 후크 끝에 있는 고리를 오른쪽 줄 맨 앞의 핀에 겁니다.

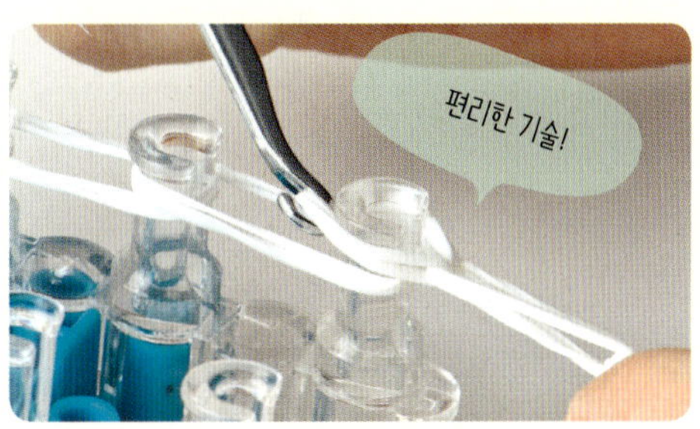

17 이걸로 지금까지 엮은 고무를 다른 줄로 옮길 수 있습니다. 외워 두면 편리합니다!

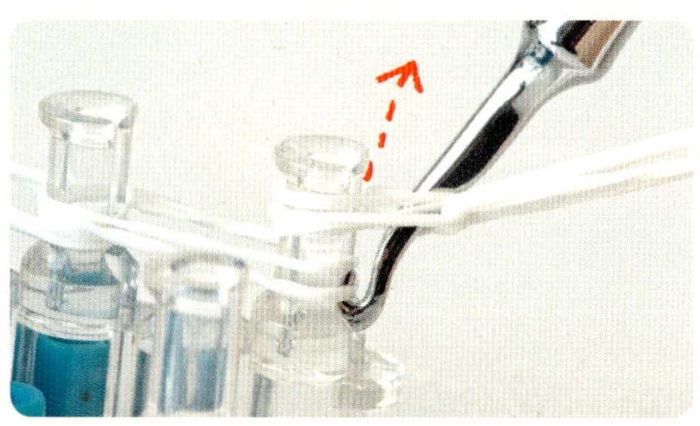 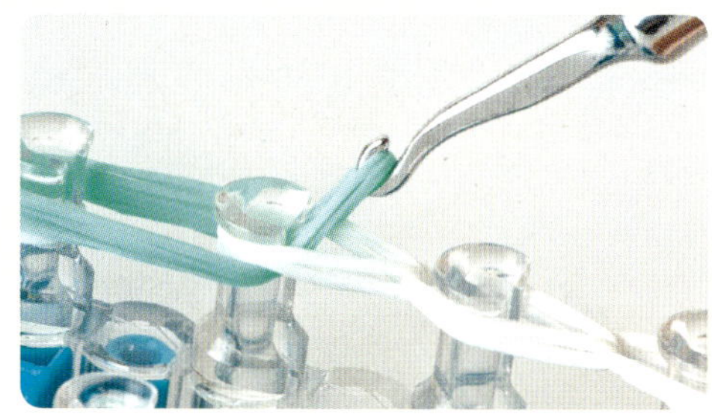

18 16번에서 건 고리에 후크를 끼워 넣어 맨 아래의 고무밴드 2개를 당깁니다. 당긴 고무밴드 2개를 핀에서 빼서 그 위의 핀에 겁니다.

19 B 고무밴드 부분까지 순서대로 엮습니다. B 고무밴드 부분까지 엮었다면 B 고무밴드 4개를 동시에 걸어서 당깁니다.

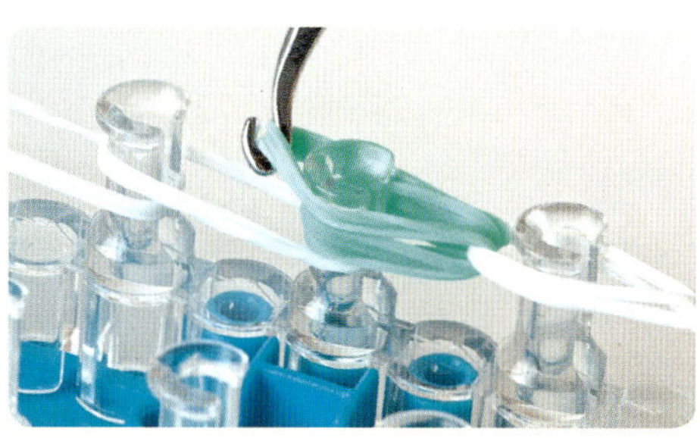 

20 조금 힘이 들지만, 당긴 B 고무밴드 4개를 그 위의 핀에 겁니다.

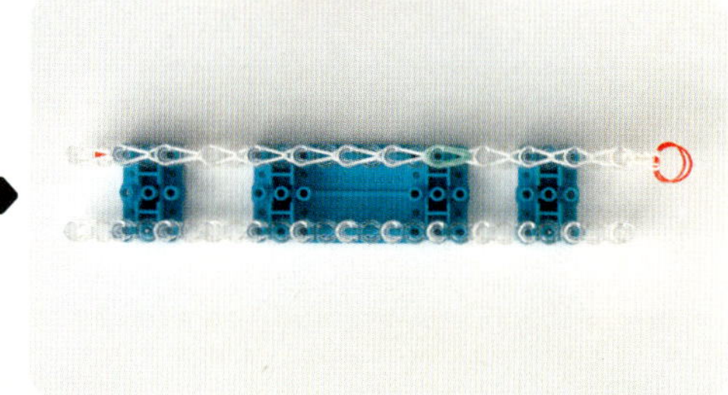

21 계속해서 줄 끝까지 엮습니다. 끝까지 엮으면 사진처럼 됩니다.

22 마지막 핀에 남긴 고무밴드가 빠지지 않도록 손가락으로 단단히 고정합니다. 빨간색 고무밴드를 손에 쥐고 하나씩 뺍니다.

23 마지막 핀의 고리를 후크에 겁니다. 고리가 빠지지 않도록 안쪽으로 둡시다.

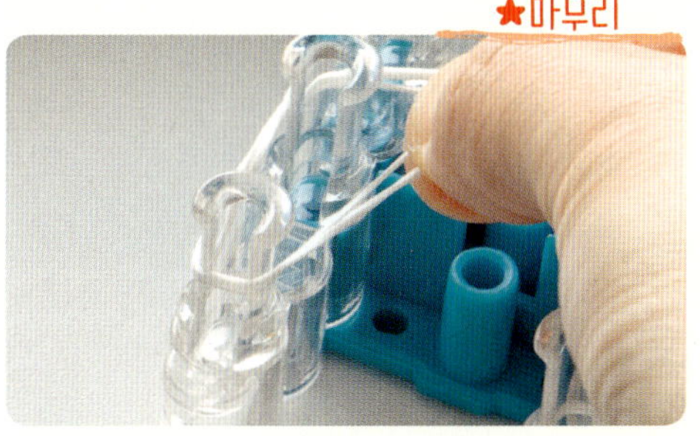

24 룸 본체 맨 앞쪽 핀과 그 위의 핀에 A 고무밴드 1개를 이중으로 만들어서 걸어 둡니다.

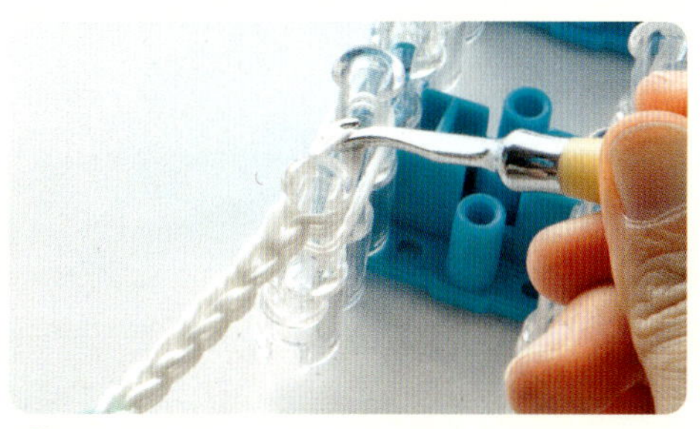

25 23번의 후크 끝에 걸린 고리 전체를 맨 앞쪽 핀에 겁니다.

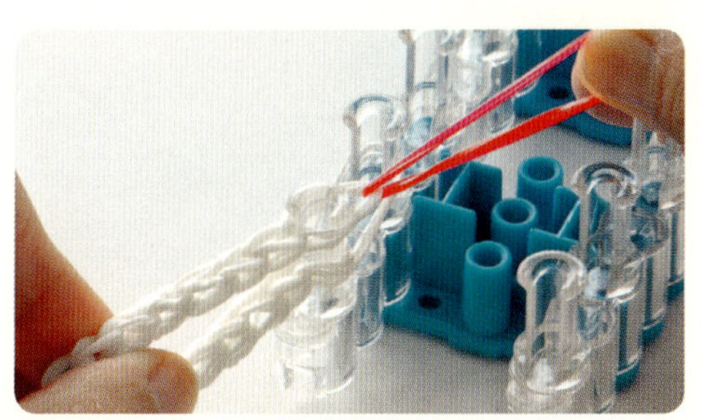

26 그 다음 C 고무밴드를 당겨서 그 끝인 A 고무밴드를 가장 앞의 핀 위에 겁니다.

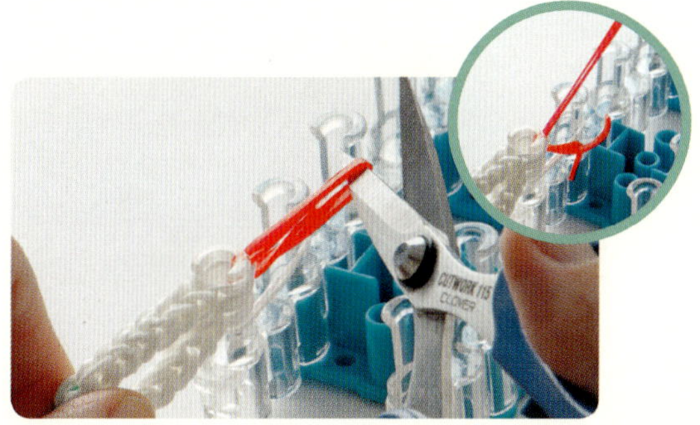

27 핀에 걸린 고무밴드가 빠지지 않도록 조심하면서 C 고무밴드 2개만 가위로 잘라서 제거합니다.

28 25~26번에서 핀에 걸었던 고무밴드 속으로 후크를 끼워 넣고, 맨 아래에 걸린 고무밴드 2개를 후크에 걸어서 당깁니다.

 → 

29 빼낸 고무를 그 위의 핀에 겁니다. 여기서 O링과 논피어싱 귀고리 후크를 준비합니다. 귀고리 후크가 없을 경우, 25~26번에서 핀에 건 고리를 플라스틱 C클립으로 고정하면 그대로 반지가 됩니다.

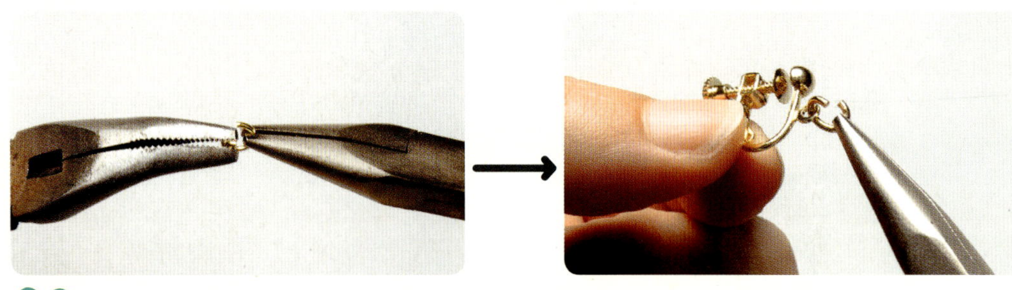

30 O링은 펜치로 벌려서 귀고리 후크의 고리
에 통과시킵니다.

31 O링에 29번에서 2번째 핀에 걸었던 4개의
고무밴드를 전부 겁니다.

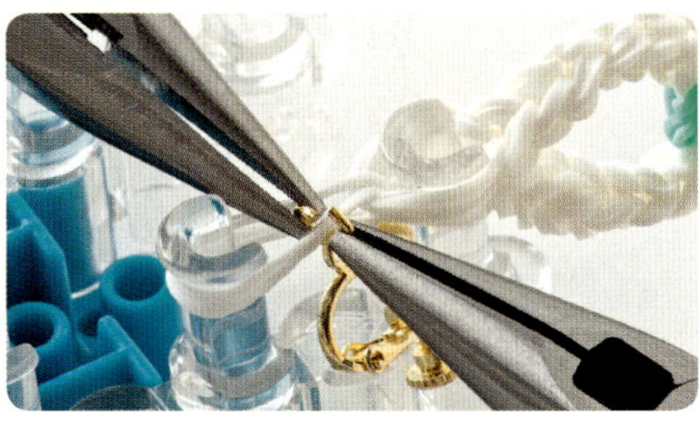

32 펜치로 O링을 단단히 조입니다.

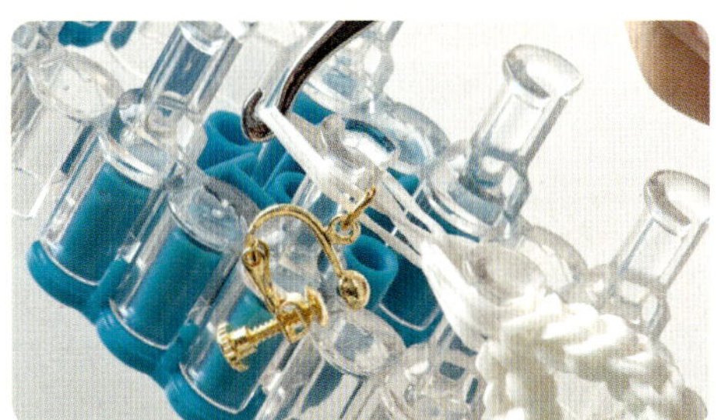

33 핀에 걸어 두었던 고무밴드를 빼면 완성입
니다.

스리웨이 팔찌

🌲 **3-limension Bracelet**

하나만 만들면 3종류 디자인을 즐길 수 있는 팔찌. 어떤 모양을 위로 나오게 하는지에 따라 표정이 변합니다♪

1

2

3

도구
몬스터 테일(레인보우룸도 가능)

재료
- A색: 터키옥색 43
- B색: 핑크 6
- C색: 레드 6
- D색: 오렌지 6
- E색: 옐로 6
- F색: 그린 6
- G색: 오션블루 6
- H색: 퍼플 6
- C클립 1

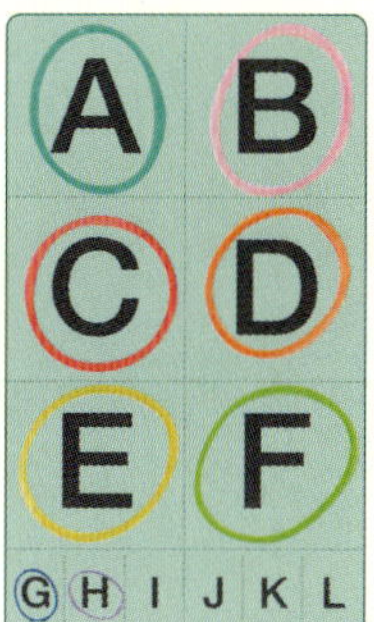

A B
C D
E F
G H I J K L

★ **고무밴드 걸기**

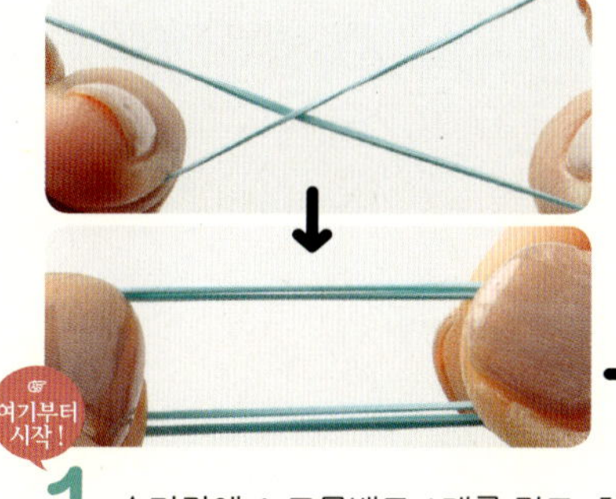

1 손가락에 A 고무밴드 1개를 걸고, 한 번 꼬아서 이중으로 만들어서 쥡니다. 몬스터 테일의 대각선 핀 2개에 8자 모양으로 겁니다(레인보우룸을 사용할 경우, 중간 줄을 비우고 2개의 줄 위치를 맞춰서 대각선에 있는 핀에 걸면 됩니다).

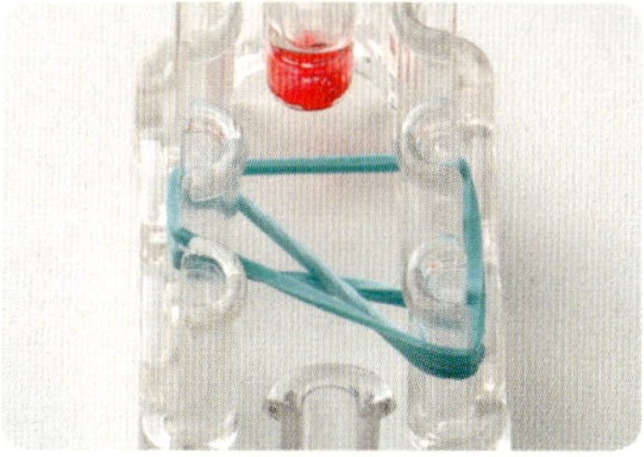

2 A 고무밴드 1개를 사진처럼 오른쪽 위 핀을 포함해 직각삼각형이 되도록 3개의 핀 위에 겁니다.

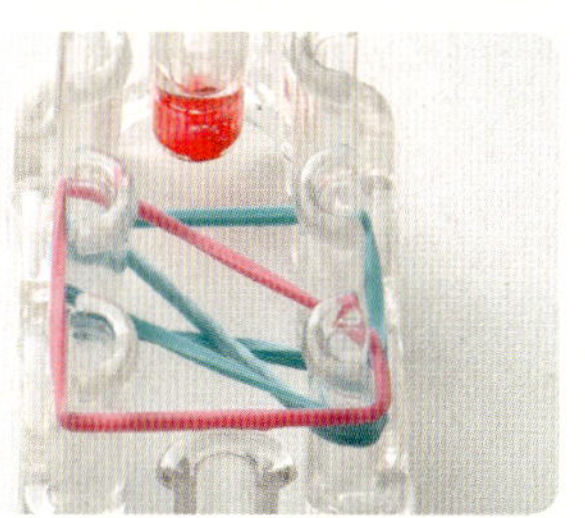

3 B 고무밴드 1개를 사진처럼 왼쪽 맨 앞의 핀을 포함해 직각삼각형이 되도록 3개의 핀 위에 겁니다. 2번과는 거는 위치가 다르니 주의합시다.

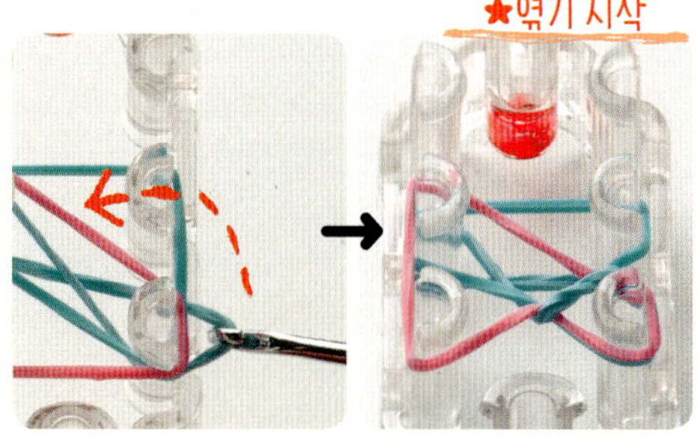

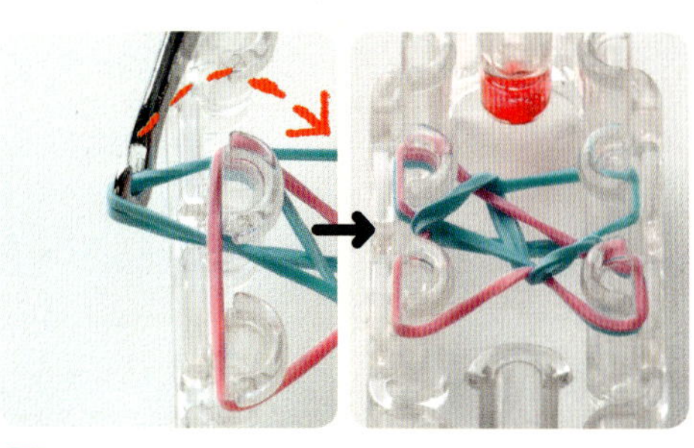

4 오른쪽 맨 앞의 핀 맨 아래 이중으로 만든 A 고무밴드 2개를 함께 바깥쪽에서 당겨서 꺼내고, 핀에서 빼서 위에 덮어씌웁니다.

5 왼쪽 위 핀 맨 아래의 A 고무밴드 2개를 같은 방법으로 당겨서 위에 덮어씌웁니다.

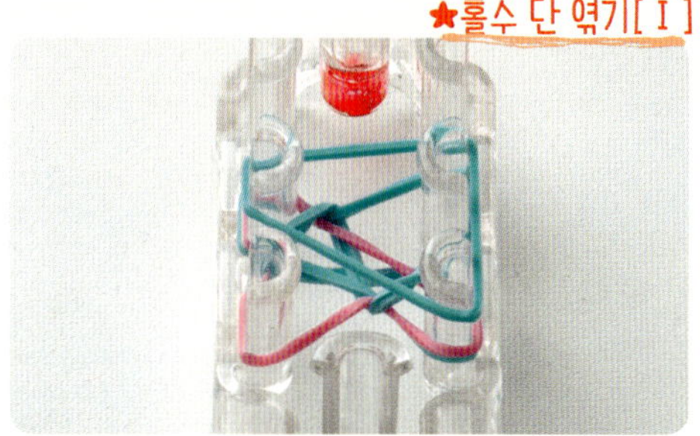

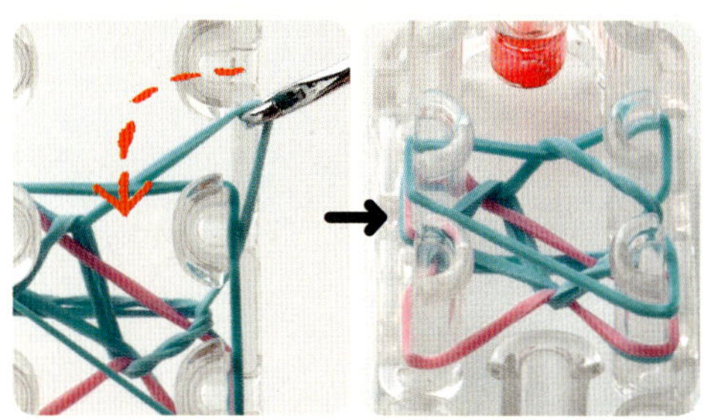

6 A 고무밴드 1개를 오른쪽 위 핀을 포함해 직각 삼각형이 되도록 3개의 핀 위에 겁니다.

7 직각삼각형의 직각 위치에 있는, 오른쪽 위 핀 맨 아래의 A 고무밴드 1개를 바깥쪽에서 잡아 당겨 위에 덮어씌웁니다.

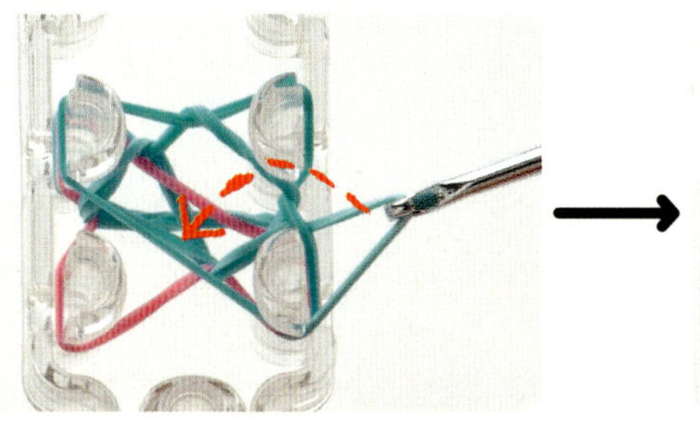

8 다음으로 오른쪽 맨 앞 핀의 맨 아래에 있는 A 고무밴드 1개를 바깥쪽에서 잡아서 위에 덮어씌웁니다.

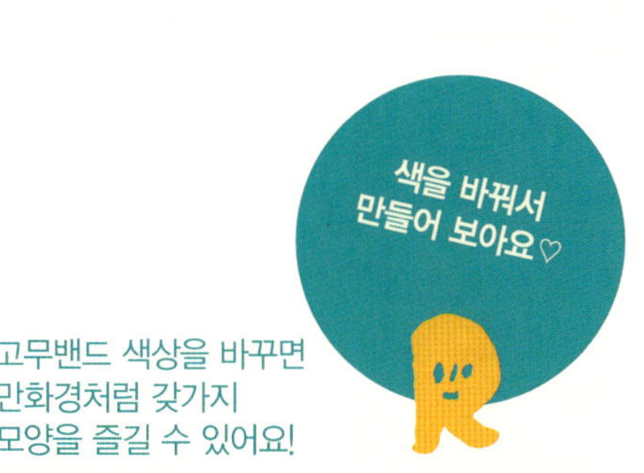

고무밴드 색상을 바꾸면
만화경처럼 갖가지
모양을 즐길 수 있어요!

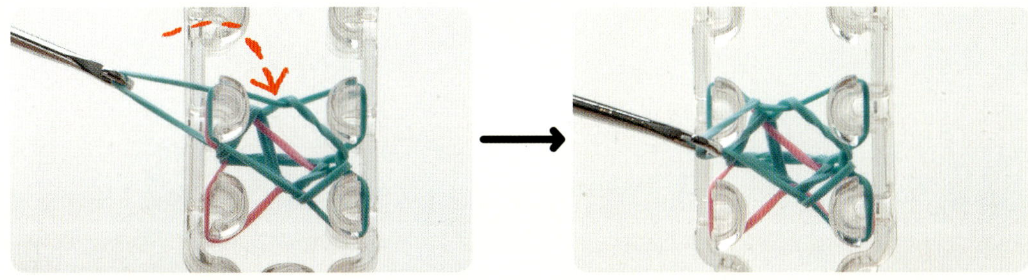

9 왼쪽 뒤 핀의 맨 아래에 있는 A 고무밴드 1개를 바깥쪽에서 잡아당겨 위에 덮어씌웁니다. 이렇게 하면 한 세트가 완성됩니다.

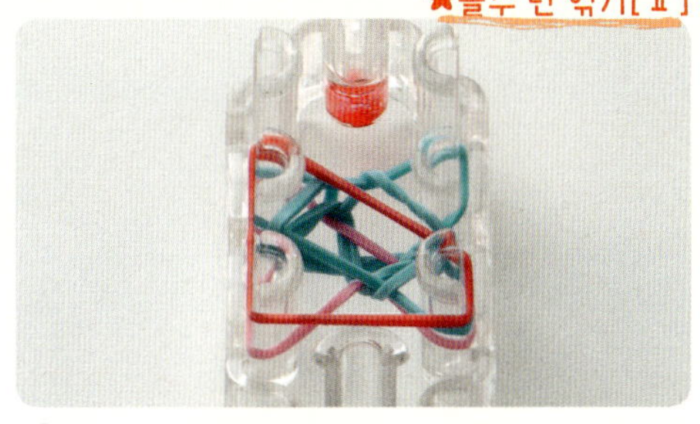

10 C 고무밴드 1개를 왼쪽 맨 앞의 핀을 포함해서 직각삼각형이 되도록, 3개의 핀 위에 덮어씌웁니다.

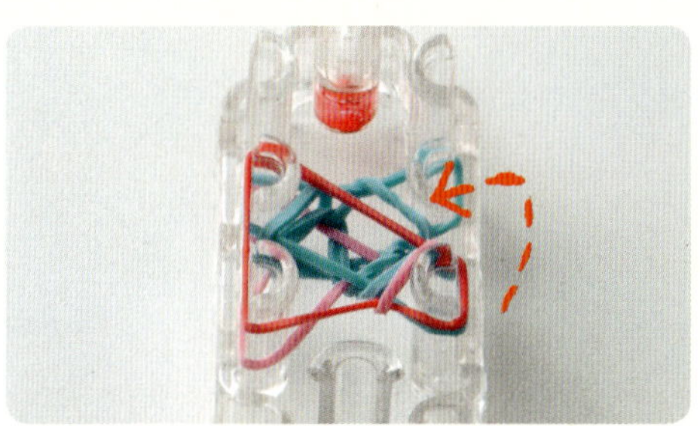

11 오른쪽 맨 앞 핀의 맨 아래에 있는 B 고무밴드 1개를 바깥쪽에서 잡아당겨 위에 덮어씌웁니다.

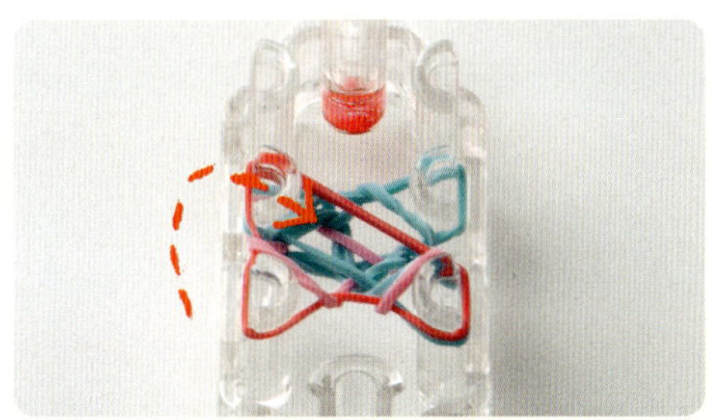

12 다음으로 왼쪽 맨 앞 핀의 맨 아래에 있는 B 고무밴드 1개를 바깥쪽에서 잡아당겨 위에 덮어씌웁니다.

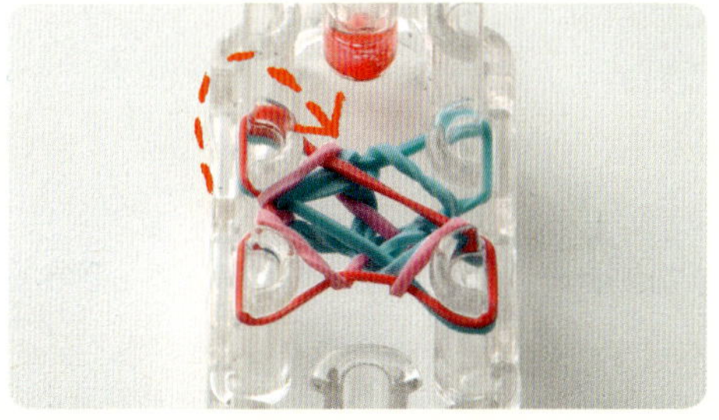

13 왼쪽 뒤 핀의 맨 아래에 있는 B 고무밴드 1개를 바깥쪽에서 잡아당겨 위에 덮어씌웁니다. 이렇게 하면 한 세트가 완성됩니다.

14 다시 한 번 [Ⅰ]의 과정으로 돌아가서, [Ⅰ](6번~9번)과 [Ⅱ](10번~13번)를 반복합니다. [Ⅱ]의 10번에서 거는 고무밴드의 색상을 B부터 H의 순서로 매번 바꾸면 사진처럼 무지개색 팔찌가 만들어집니다.

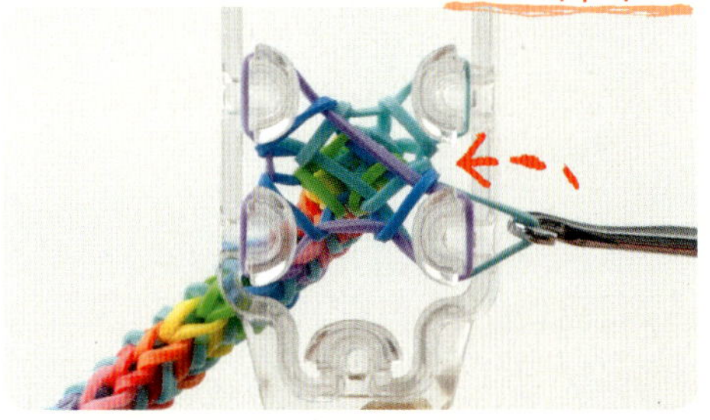

15 마지막 고무밴드까지 엮었다면, 오른쪽 맨 앞 핀 맨 아래에 있는 A 고무밴드 1개를 바깥쪽에서 잡아당겨 위에 덮어씌웁니다.

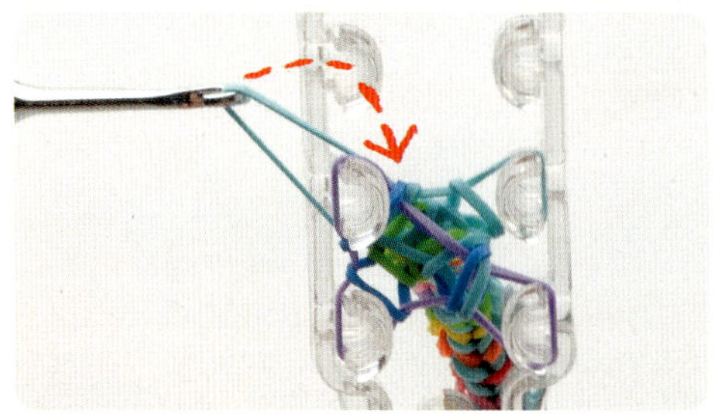

16 왼쪽 뒤 핀의 맨 아래에 있는 A 고무밴드 1개를 잡아당겨 위에 덮어씌웁니다.

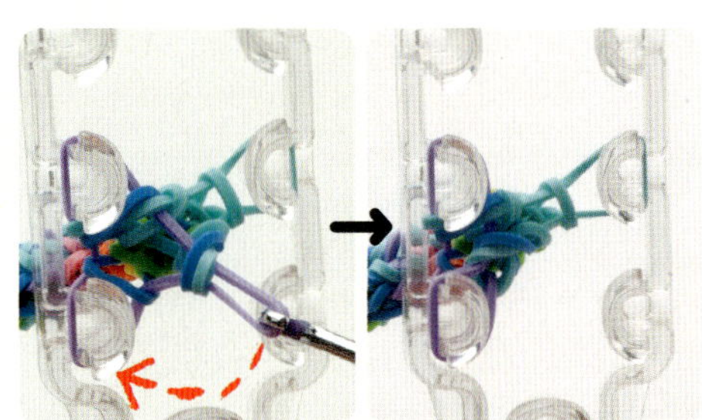

17 오른쪽 맨 앞 핀에 남은 고무밴드 1개를 당겨서 왼쪽 맨 앞 핀에 겁니다.

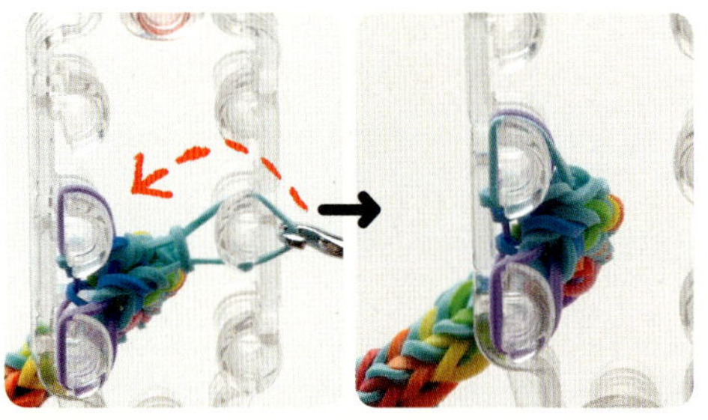

18 오른쪽 뒤 핀에 남은 고무밴드 1개를 잡아당겨 왼쪽 뒤 핀에 겁니다.

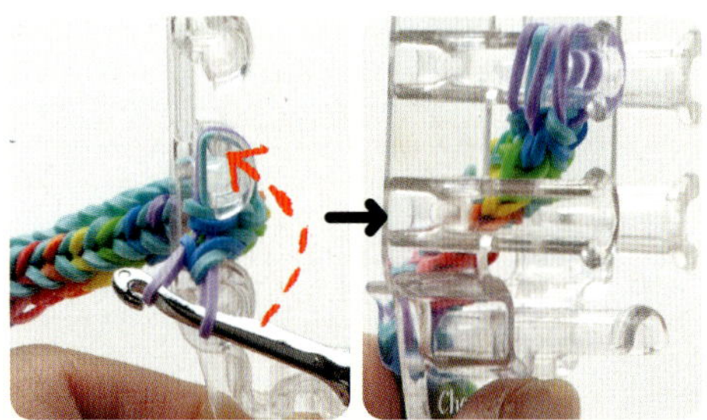

19 왼쪽 맨 앞 핀에 남은 고무밴드를 전부 당겨서 왼쪽 뒤 핀에 모읍니다.

20 왼쪽 뒤 핀의 고무밴드 전체에 C클립을 겁니다.

21 고무밴드를 핀에서 빼고, 다른 한쪽 끝의 고무밴드에도 C클립을 걸면 완성입니다.

🌿 편리한 마무리 방법

액세서리를 마무리할 때 자주 사용하는 편리한 기술 2가지를 소개합니다.
곤란할 때 사용해 봅시다!

1. 길이를 늘리려면?

만든 팔찌의 길이가 짧을 때, 싱글 체인을 사용해서 마음에 드는 길이가 될 때까지 점차 늘릴 수 있습니다.

[길이 연장 기술]

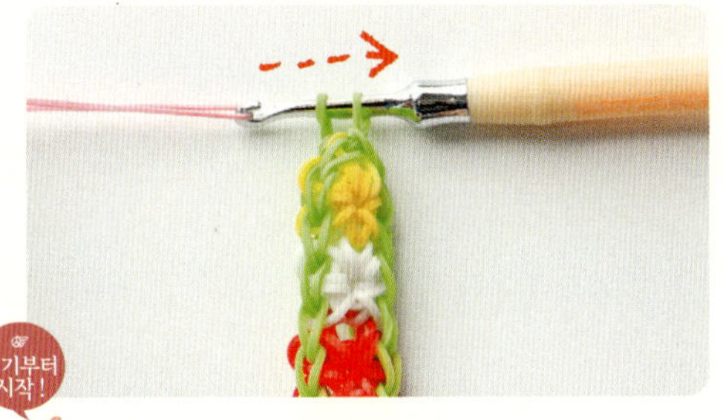

1 길이를 늘리고 싶은 팔찌의 끝을 후크로 걸어서 그 안으로 다른 고무밴드 1개를 통과시킵니다.

2 통과한 고무밴드 양 끝을 후크에 겁니다.

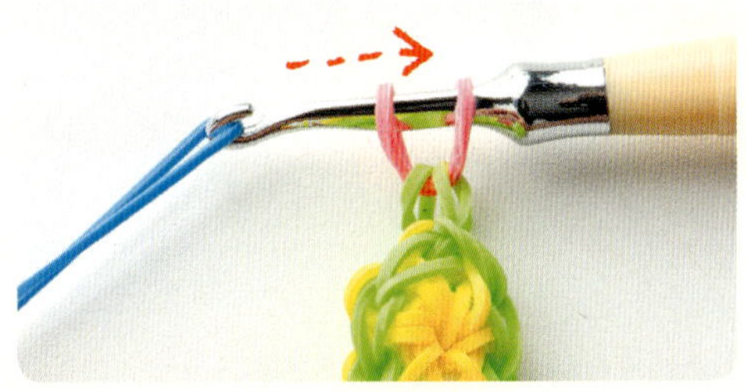

3 후크에 걸린 고무밴드에 다시 다른 고무밴드 1개를 통과시킵니다.

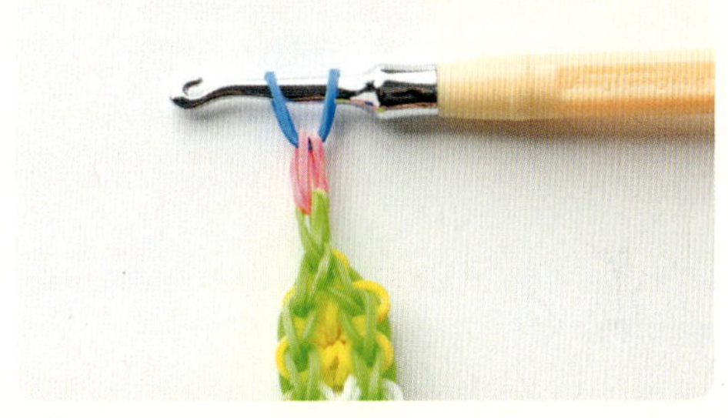

4 통과시킨 고무밴드 양 끝을 후크에 겁니다. 이를 반복해서 싱글 체인을 만듭니다.

5 필요한 길이만큼 늘어났다면 마지막 고리에 C클립을 겁니다.

6 다른 한쪽 끝과 C클립을 연결합니다.

참 장식 마무리 단계에서 고무밴드를 묶을 때, '매듭짓기' 기술을 사용하면 편리합니다.

[매듭짓기 기술]

1 여기서는 알기 쉽도록 빨간 고무밴드와 검은 고무밴드로 설명합니다. 빨간 고무밴드로 매듭을 지을 겁니다.

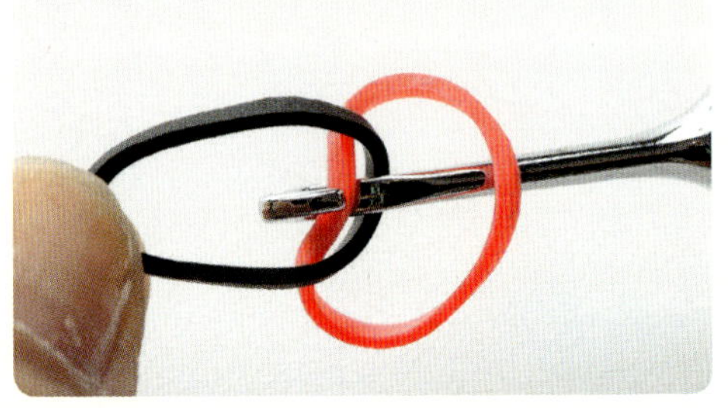

2 검은 고무밴드 안쪽에 후크를 끼워 넣고 사진처럼 빨간 고무밴드를 후크 끝에 겁니다.

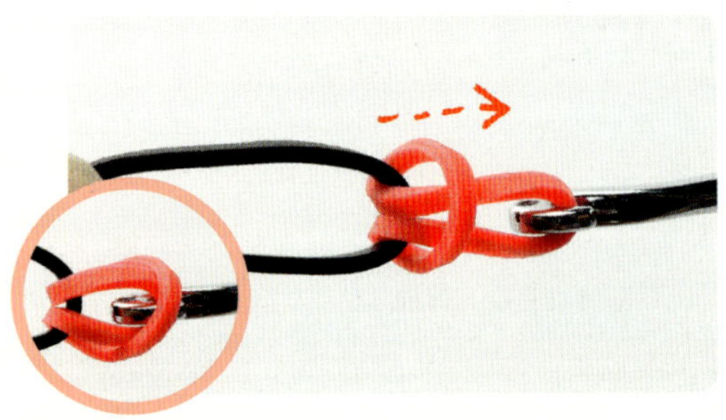

3 후크 끝에 걸린 고리를 다른 한쪽 끝의 고리 속으로 통과시킵니다.

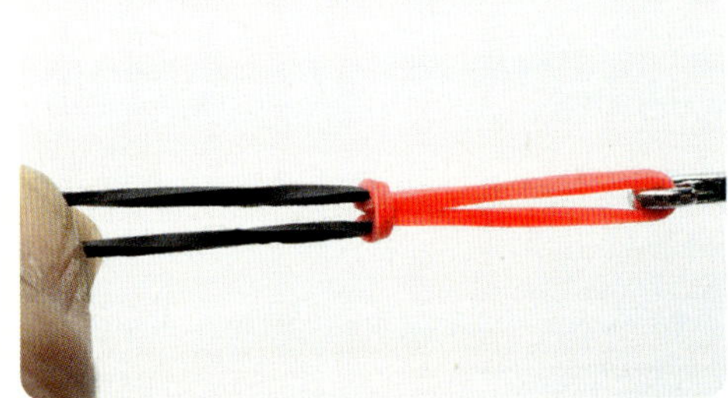

4 그대로 통과시킨 고리를 당깁니다. 이걸로 '매듭짓기' 완성입니다.

간단 트리플 루프
Easy Triple Loop

3개의 고리 모양이 독특한 팔찌. 간단한
방법으로 만듭니다 ♪

A색: 화이트　　B색: 오렌지
C색: 라임그린

> ▶ 도구
> 레인보우룸
>
> ▶ 재료
> • A색: 라임그린 25
> • B색: 퍼플 18
> • C색: 핑크 15
> • C클립 1

A B
C D
E F
G H I J K L

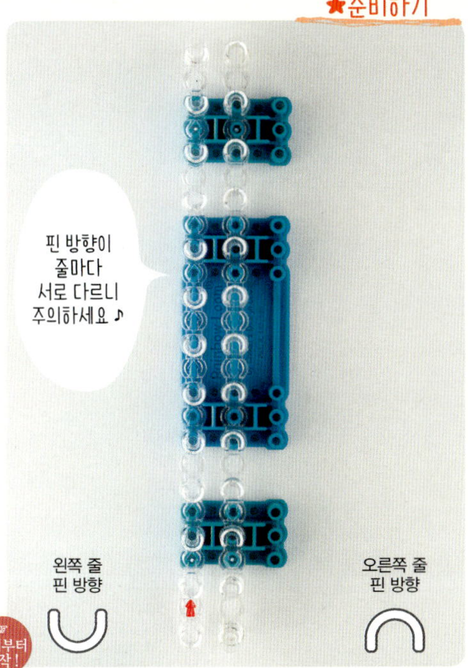

1 룸은 2줄만 사용합니다. 왼쪽은 핀이 뚫린 부분
이 위를 향하도록 하고, 오른쪽은 핀이 뚫린 부
분이 아래를 향하도록 위치를 맞춰서 2줄을 준비합
니다.

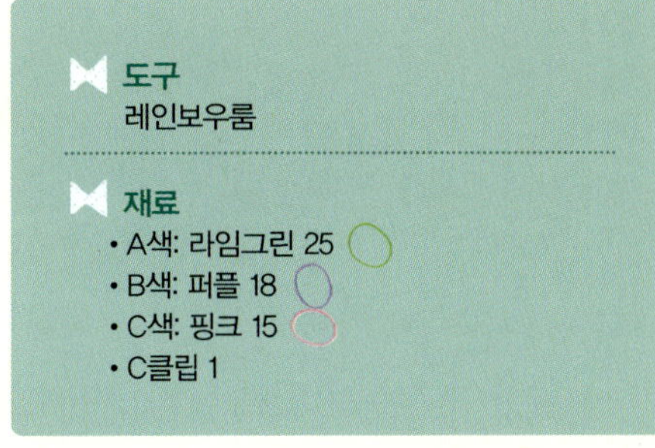

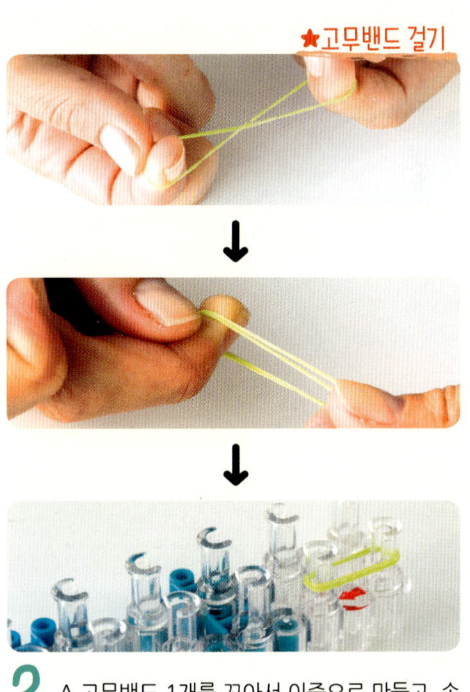

2 A 고무밴드 1개를 꼬아서 이중으로 만들고, 손
가락으로 잡습니다. 그 고무밴드를 왼쪽 줄 맨
앞과 앞에서 2번째 핀에 겁니다.

3 다음으로 A 고무밴드 1개를 꼬지 말고 왼쪽 줄 2번째와 3번째 핀에 겁니다. 이어서 A 고무밴드를 1개씩 왼쪽 줄 끝까지 순서대로 겁니다(58쪽의【고무밴드를 거는 순서】그림을 참고하세요).

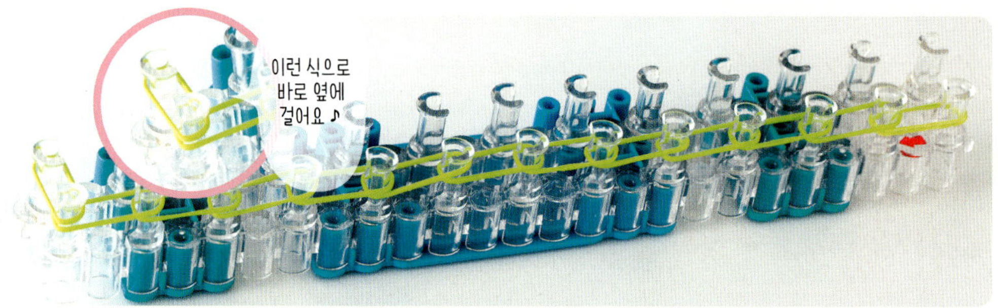

4 왼쪽 줄 제일 위의 핀까지 고무밴드를 걸었다면, A 고무밴드를 옆에 1개 겁니다.

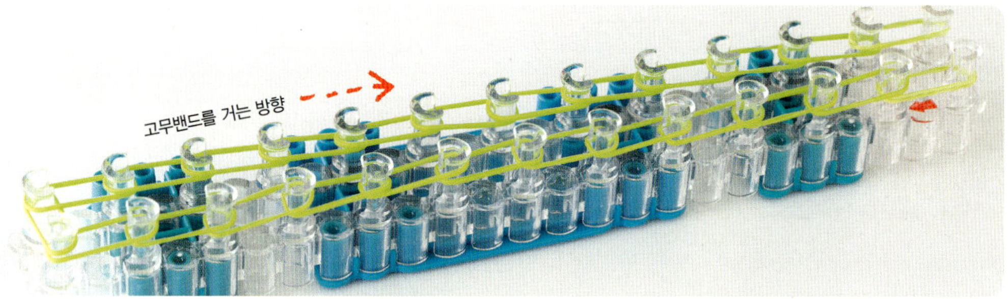

5 다음은 A 고무밴드를 1개씩 오른쪽 줄 맨 뒤에서 앞으로 순서대로 겁니다.

6 B 고무밴드 3개를 손에 쥡니다.

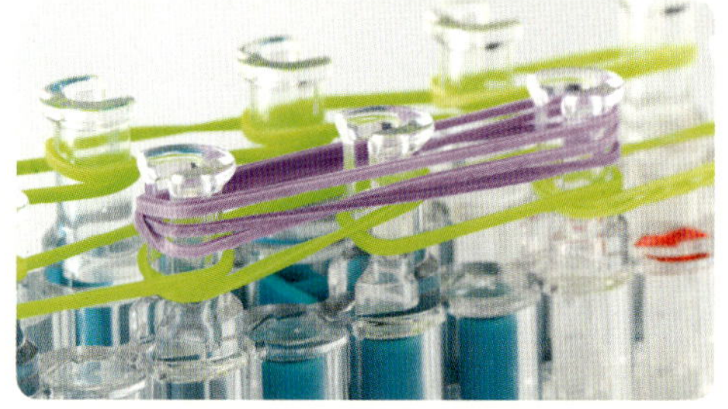

7 손에 쥔 B 고무밴드를 왼쪽 줄 2번째부터 4번째 핀에 겁니다.

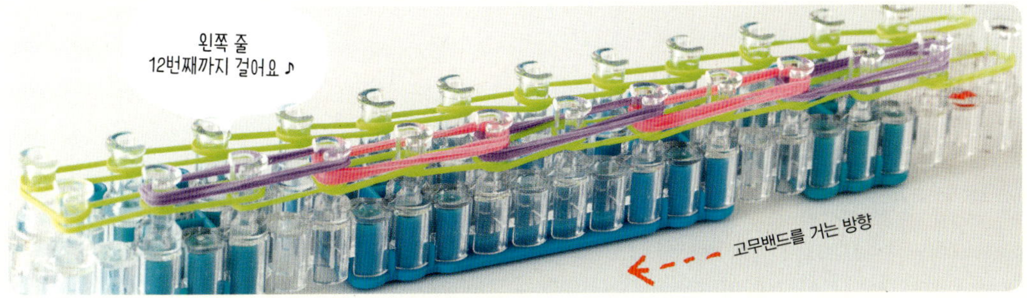

8 계속해서 C 고무밴드 3개를 왼쪽 줄 4번째에서 6번째 핀에 겁니다. 【고무밴드를 거는 순서】를 보면서 B 고무밴드 3개와 C 고무밴드 3개를 번갈아 가며 겁니다.

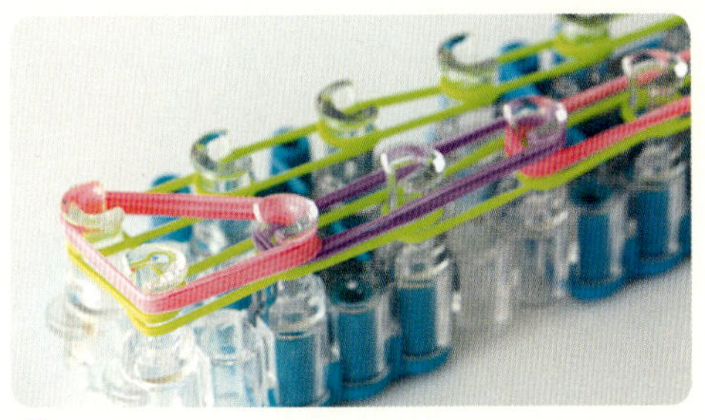

A색: 화이트   B색: 터키옥색
C색: 핑크

9 C 고무밴드 3개를 왼쪽 줄 12번째 핀과 마지막 핀, 오른쪽 마지막 핀에 겁니다. 고무밴드의 모양이 사진처럼 삼각형이 됩니다.

10 계속해서 오른쪽 줄에 고무밴드를 겁니다. 【고무밴드를 거는 순서】를 보면서 B 고무밴드 3개와 C 고무밴드 3개를 교대로 겁니다.

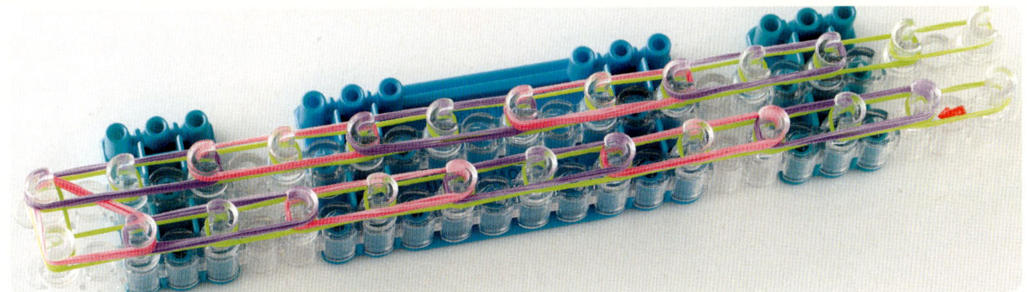

11 다 걸면 사진처럼 됩니다.

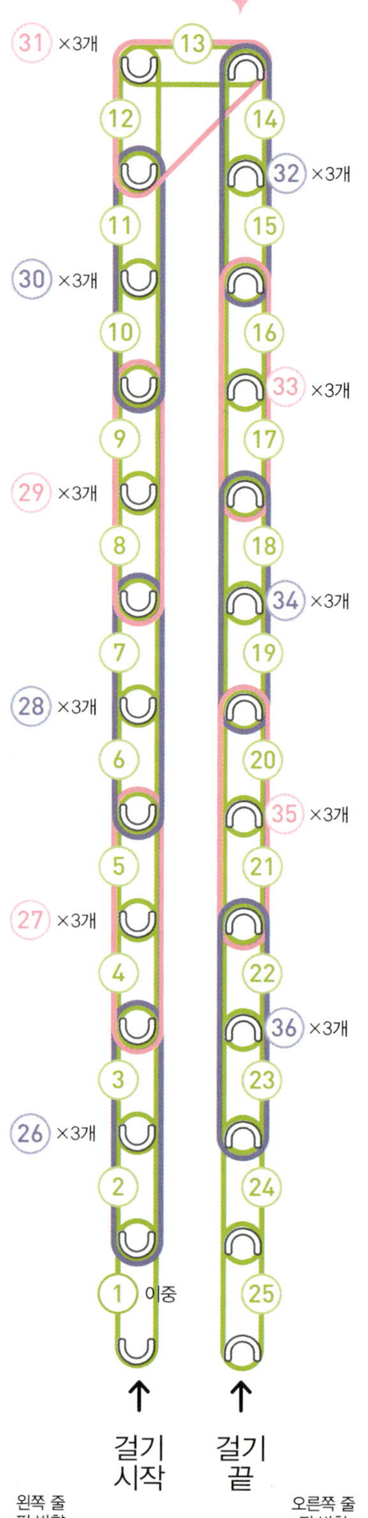

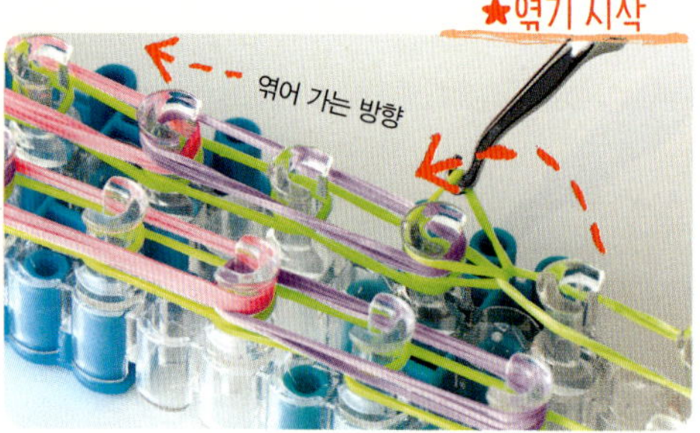

12 오른쪽 줄 앞에서 2번째 핀에 후크를 끼워 넣습니다. 맨 아래의 A 고무밴드 1개를 잡아당겨 핀에서 빼고, 그 위의 핀에 겁니다.

13 오른쪽 3번째 핀 안쪽에 후크를 끼워 넣습니다. 맨 아래의 A 고무밴드 1개를 후크에 걸어서 핀에서 빼고, 그 위 핀에 겁니다.

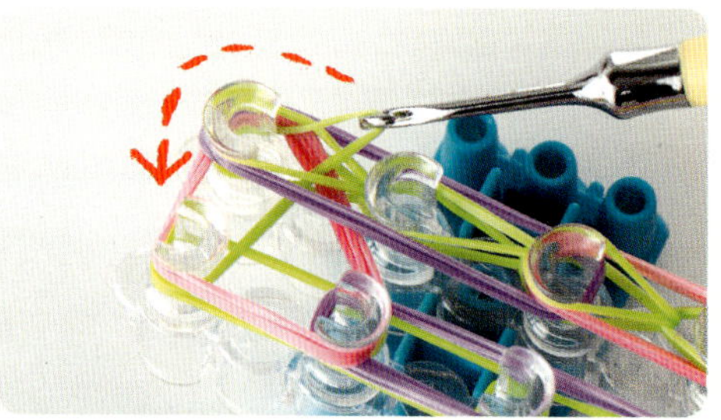

14 같은 방법으로 오른쪽 줄 위까지 엮었다면, 오른쪽 줄 제일 위 핀에 후크를 끼워 넣어서 맨 아래에 걸린 A 고무밴드 1개를 빼냅니다.

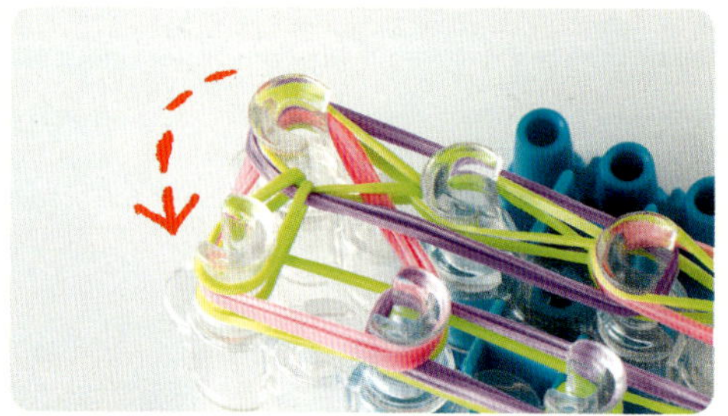

15 빼낸 고무밴드를 핀에서 빼서 왼쪽 줄 제일 위 핀에 겁니다. 이걸로 오른쪽 줄을 다 엮었습니다.

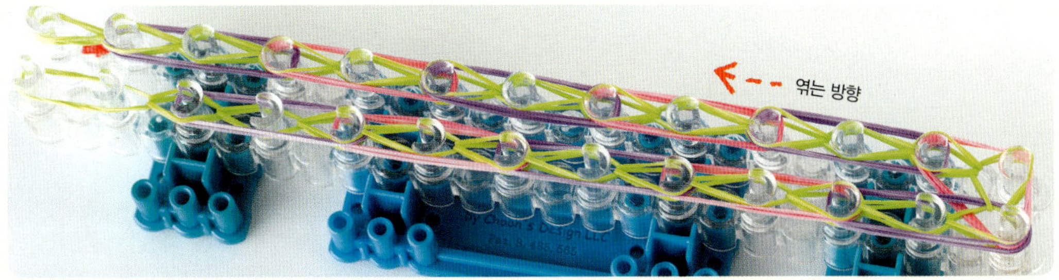

16 본체를 180° 회전시킵니다. 회전시켜서 오른쪽이 된 줄을 같은 방식으로 끝까지 엮습니다.

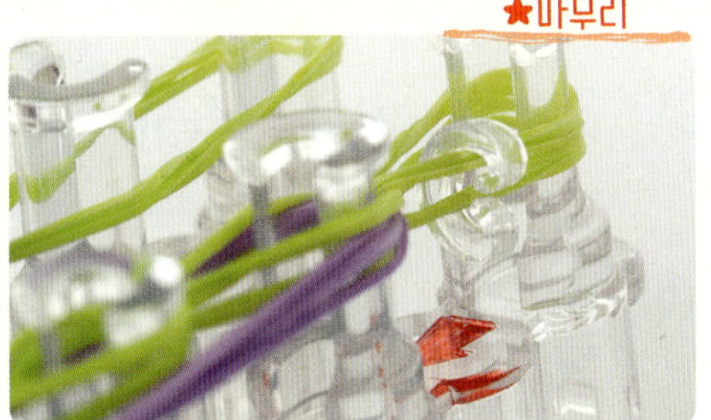

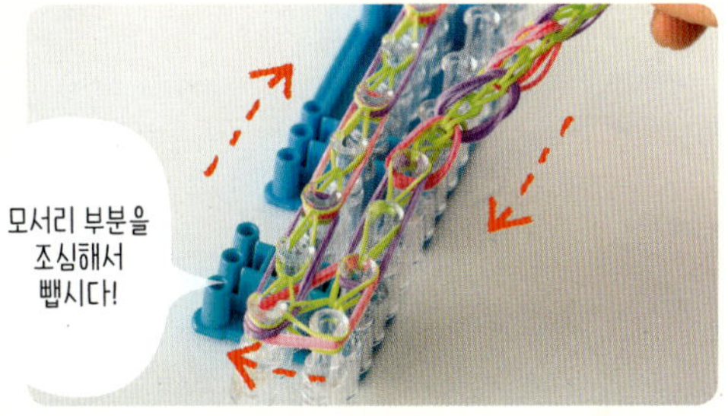

17 끝까지 엮었다면 오른쪽 줄 맨 위 핀의 고리 4개 전부에 C클립을 겁니다.

18 C클립을 단 고리를 잡고, 고무밴드를 룸에서 조심스레 뺍니다.

19 다른 한쪽 끝을 C클립으로 모으면 완성입니다.

A색: 화이트   B색: 옐로   C색: 퍼플

🌿 잘 엮기 위한 포인트

"기왕 만드는 거 예쁘게 만들래!" 이렇게 생각하는 당신을 위해, 능숙하게 엮기 위한 간단한 비결을 공개합니다. 포인트는 3가지입니다.

1. 엮기 전에 꼬이거나 얽힌 부분 펴기

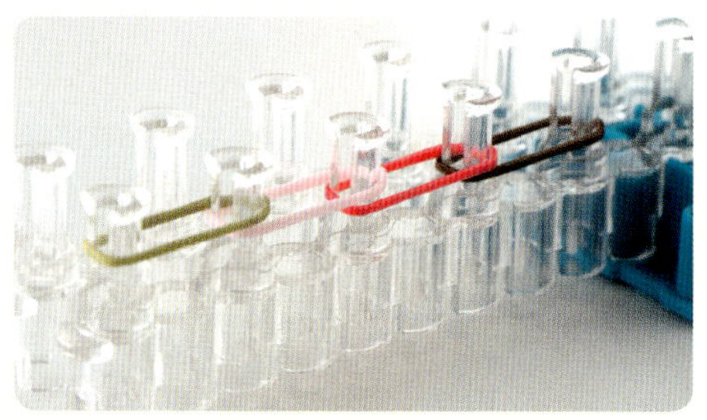

◀ 꼬지 않은 채로 고무밴드를 걸어야 할 경우에는 엮기 전에 걸린 고무밴드를 다시 한 번 확인하고, 고무밴드가 얽힌 부분이 있다면 후크를 이용해 똑바로 펴 줍니다. 얽힌 부분을 그대로 엮으면 팔찌가 두툼해지거나 꼬입니다.

2. 고무밴드를 당겨 가면서 엮기

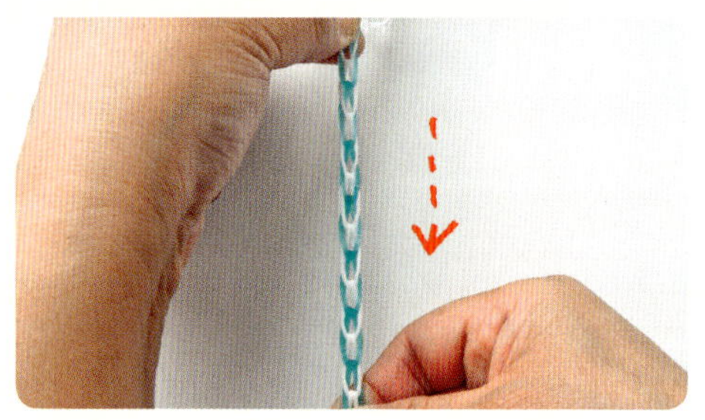

◀ 길게 엮을 때는 가끔씩 지금까지 엮은 부분을 손으로 당겨서 늘려 가며 정리합니다. 엮는 도중에 생기는 뒤틀림이나 치우침을 바로잡을 수 있습니다. 엮은 곳이 풀리거나 잘못 엮은 곳은 없는지도 확인합니다.

3. 엮은 후에 정리하기

◀ 엮은 후에 고무밴드가 하나만 튀어나오거나, 엮은 곳의 크기가 서로 다른 경우에는 뒤쪽에서 후크를 끼워 넣어서 튀어나온 부분을 당겨 엮은 곳 안쪽으로 집어넣습니다. 손가락으로 전체를 당겨서 형태를 정돈하면 완성!

2가지 색 플라워 참 장식

Bicolor Flower charm

꽃잎에 흰색이 섞인 2가지 색상의 디자인이
귀여운 플라워 참 장식. 다양하게 활용할
수 있습니다!

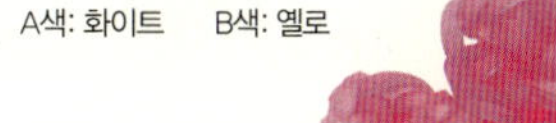

A색: 화이트   B색: 옐로

A색/B색: 핑크(젤리)

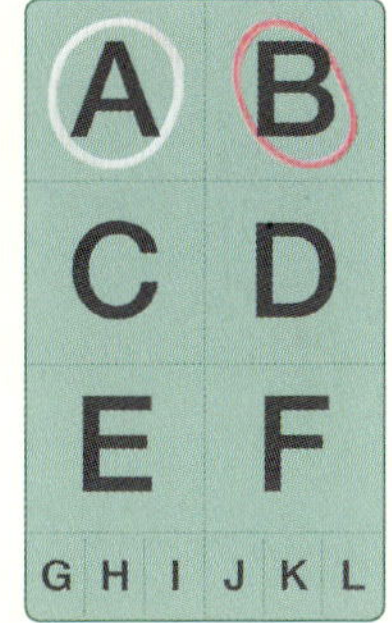

> ▶ **도구**
> 레인보우룸, 펜치 2개, 가위
>
> ▶ **재료**
> • A색: 화이트 37
> • B색: 핑크(젤리) 31
> • 비즈 1

A	B
C	D
E	F

G H I J K L

★ 고무밴드 걸기

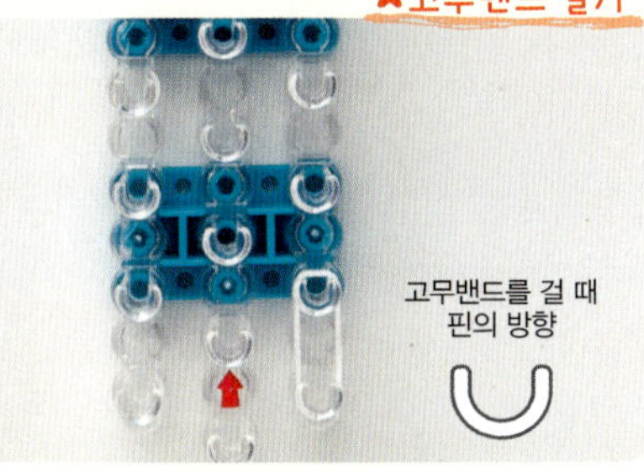

1 룸은 핀의 뚫린 부분이 위쪽을 향하도록 두고,
1줄만 사용합니다. A 고무밴드 2개를 맨 앞 핀
과 앞에서 2번째 핀에 겁니다.

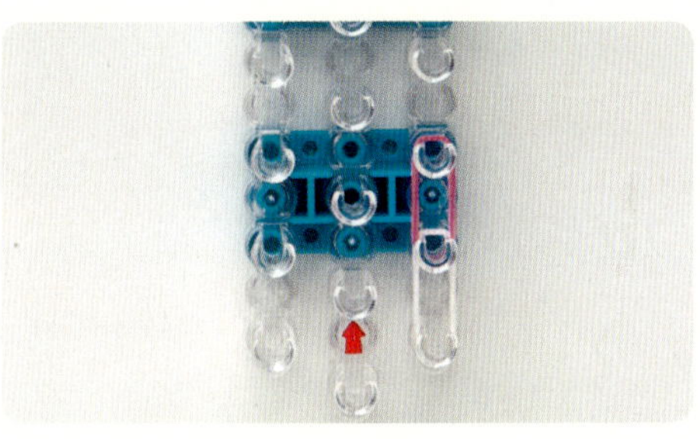

2 B 고무밴드 2개를 앞에서 2번째 핀과 3번째 핀
에 겁니다.

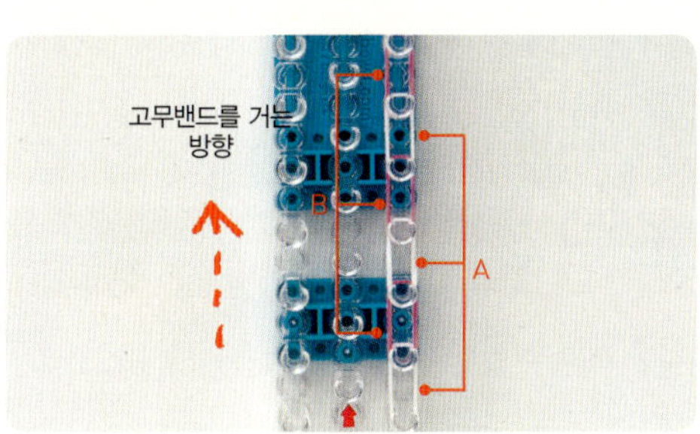

3 계속해서 7번째 핀까지 A 고무밴드 2개와 B 고
무밴드 2개를 번갈아 겁니다.

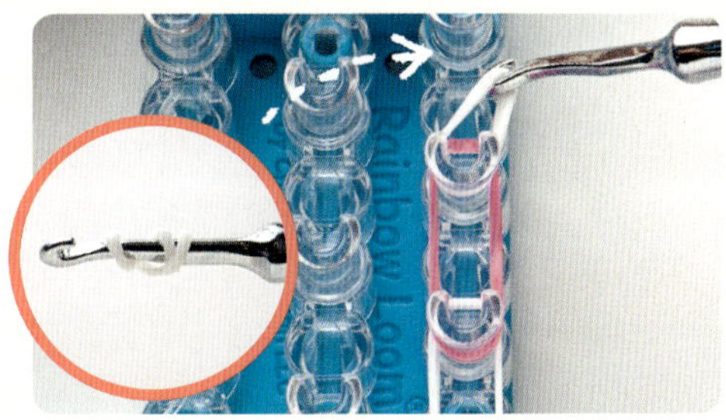

4 A 고무밴드 1개를 후크 끝에 2번 감아서 삼중
으로 만들고, 그 고리를 7번째 핀 위에 겁니다.

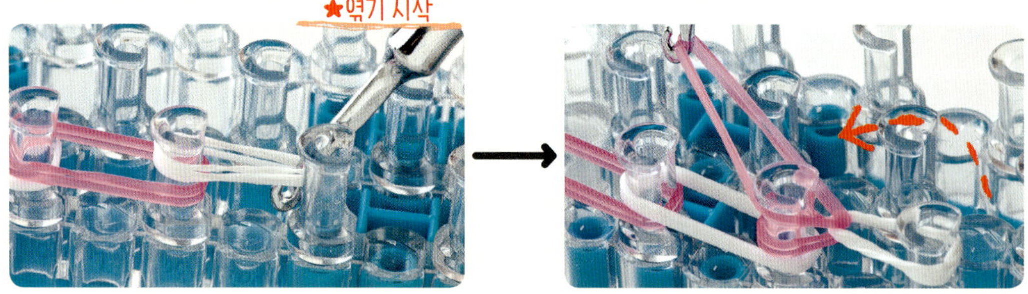

5 룸 본체를 180° 회전시킵니다. 맨 앞의 핀 위에 걸린 A 고무밴드 3개의 안쪽으로 후크를 끼워서 아래에 있는 B 고무밴드 2개를 당겨 핀에서 빼고 그 위의 핀에 겁니다.

A색: 투명(젤리)
B색: 오션블루(젤리)

6 같은 방법으로 맨 앞에서 끝까지 엮습니다.

7 맨 위 핀에 걸린 고리를 후크로 걸어서 당겨 나머지 핀에서 고무밴드를 빼냅니다.

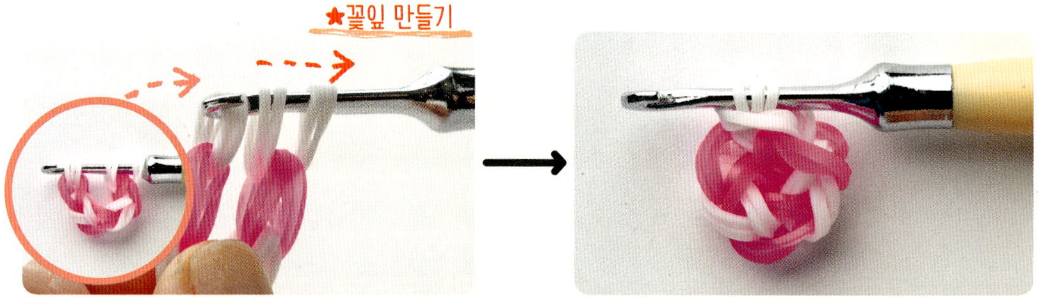

8 다른 한쪽 끝의 삼중 고리에도 후크 끝을 통과시킵니다. 그 고리를 후크 축에 걸어둔 고리 전부에 통과시켜서 합칩니다.

A색/B색: 핑크

9 같은 방식으로 꽃잎을 5개 만들어서 후크 대에
겁니다.

10 A 고무밴드 1개를 후크 끝으로 당겨서 꽃잎 5개의 고리에 통과시킵니다.

11 통과시킨 A 고무밴드의 다른 한쪽 끝을 후크
에 겁니다.

12 후크에 걸린 A 고무밴드의 고리를 다른 한
쪽 고리로 통과시켜 매듭을 짓습니다.

13 마지막으로 후크에 남은 고리는 꽃의 중심에 감습니다.

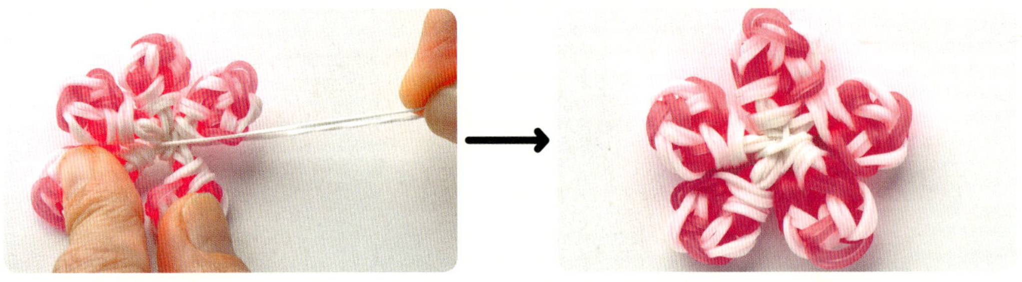

14 A 고무밴드 1개를 꽃 중심에 이중으로 감아서 전체 모양을 정돈합니다.

★비즈 달기

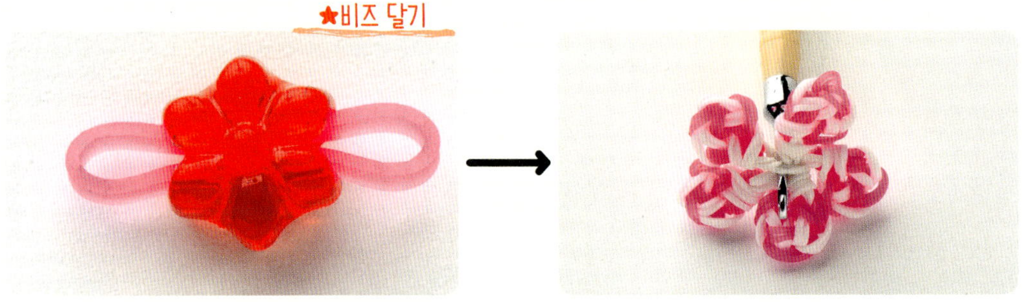

15 비즈에 B 고무밴드 1개를 끼워 둡니다(자세한 방법은 85쪽으로). 뒤쪽에서 꽃 중심 쪽으로 후크를 밀어넣어 끼웁니다.

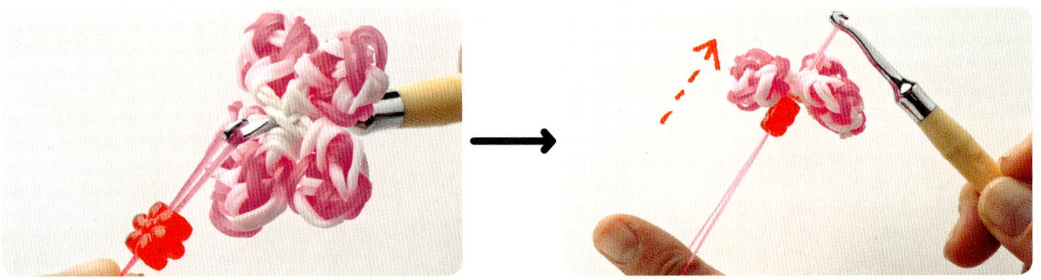

16 비즈를 꿴 B 고무밴드를 후크 끝에 걸어서 뒤쪽으로 당깁니다.

17 뒤쪽으로 당겨서 빼낸 고리는 캡이나 펜대 등에 걸어서 후크에서 빼냅니다. 후크를 다시 한 번 뒤쪽에서 끼워 넣습니다.

A색: 투명   B색: 옐로(젤리)

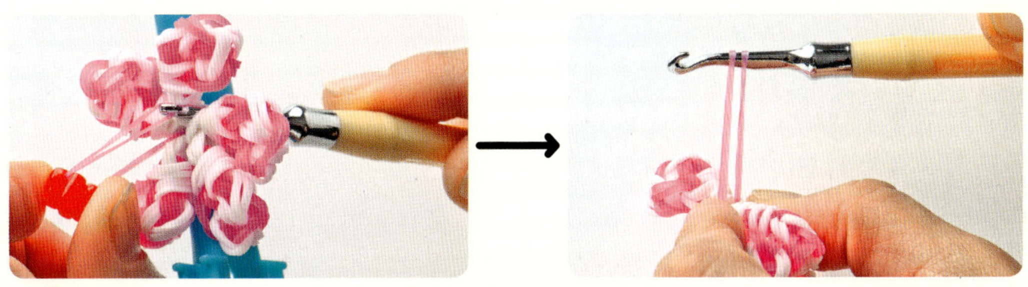

18 비즈를 꿴 B 고무밴드의 다른 한쪽 끝을 후크로 당겨서 뒤쪽으로 빼냅니다.

19 마지막에 남은 고무밴드를 꽃에 감으면 완
성입니다.

작은 꽃반지 만들기

립밤에 살짝 달아도 귀엽다!
아주 쉬운 육각형 반지를 만들어 보세요.

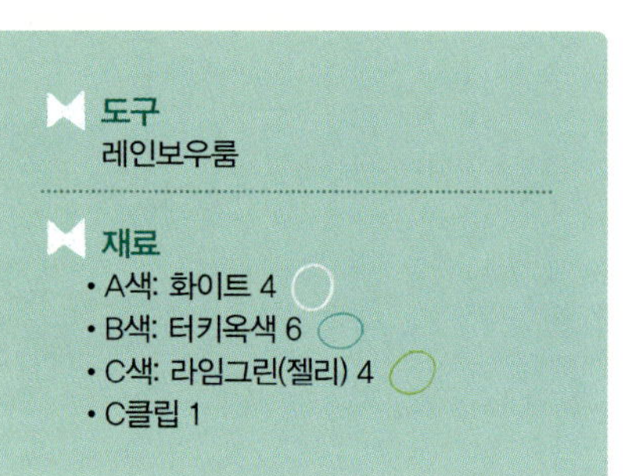

⋈ 도구
레인보우룸

⋈ 재료
- A색: 화이트 4
- B색: 터키옥색 6
- C색: 라임그린(젤리) 4
- C클립 1

★고무밴드 걸기

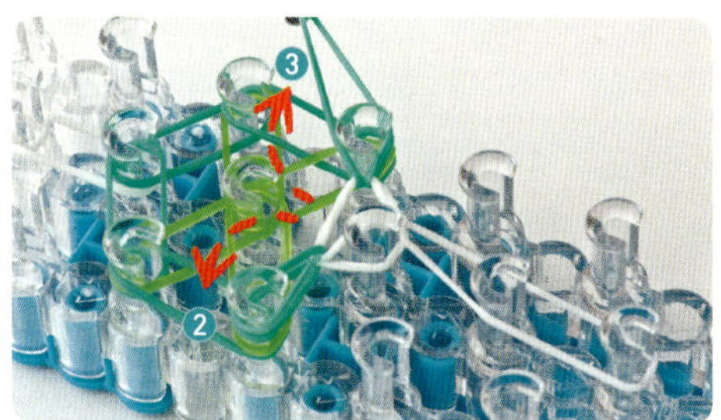

1 【고무밴드를 거는 순서】를 참고해서 사진처럼 A~C 고무밴드를 겁니다. 다 걸면 룸 본체를 180° 회전시킵니다.

★엮기 시작

2 【엮는 순서】를 참고해서 밑에서 2번째 핀의 안쪽에 후크를 끼워 넣고, 맨 아래에 있는 A 고무밴드를 꺼내서 다음 핀에 겁니다.

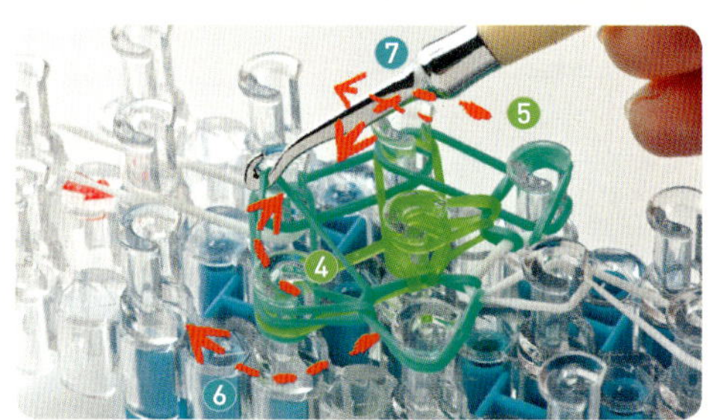

3 그림의 ②, ③의 순서로 B 고무밴드를 좌우 핀에 겁니다. 고무밴드 색을 잘 보고 핀 안쪽에서 꺼냅니다.

4 그림의 ④, ⑤의 순서로 C 고무밴드를 가운데 핀에 걸고, 그런 다음 ⑥, ⑦의 순서로 B 고무밴드를 위쪽 핀에 겁니다.

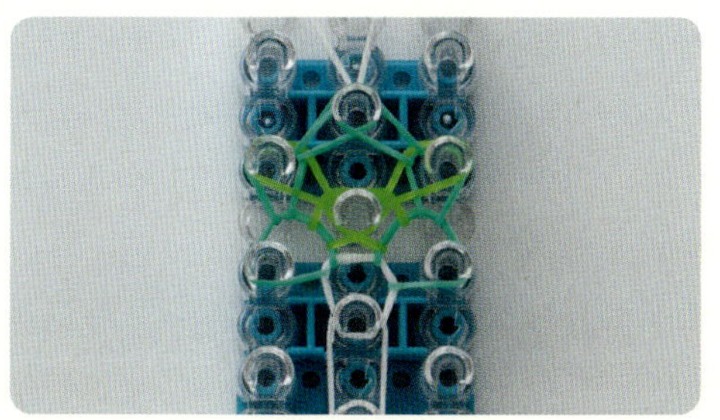

5 마찬가지로【엮는 순서】를 보면서 남은 ❽~⓭ 을 엮습니다. 다 엮으면 사진처럼 됩니다.

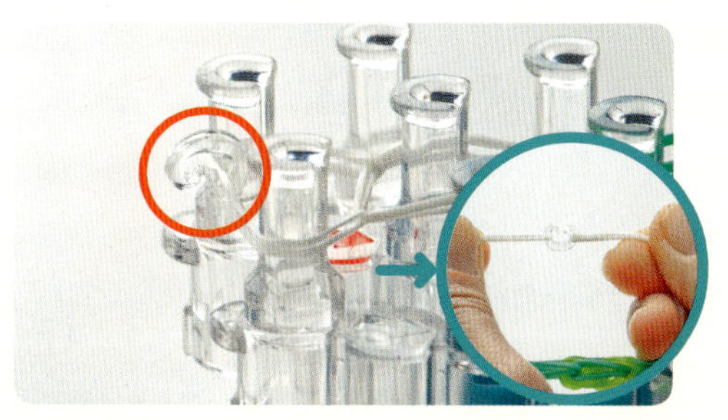

6 제일 위쪽 핀에 걸린 고무밴드 전체에 C클립을 걸고, 전체를 핀과 분리합니다. 양 끝을 C클립 으로 연결하면 완성입니다.

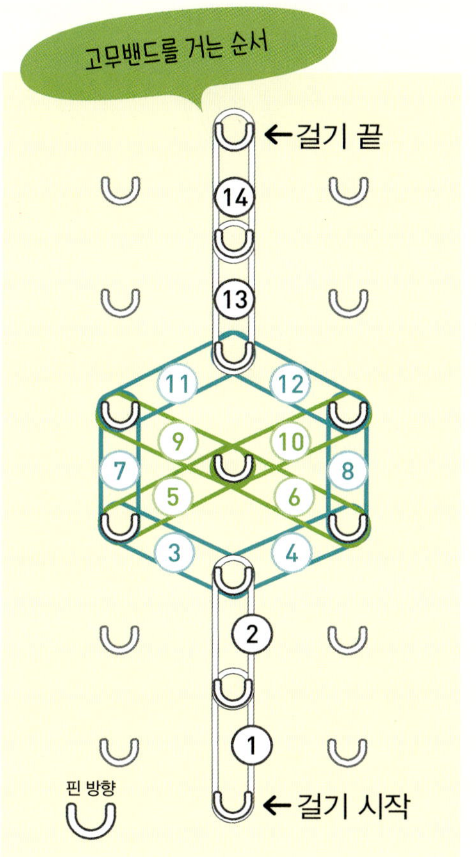

병아리 참 장식

🌲 Little chick charm

귀엽고 깜찍한 병아리 참 장식!
동그란 눈이 포인트입니다.

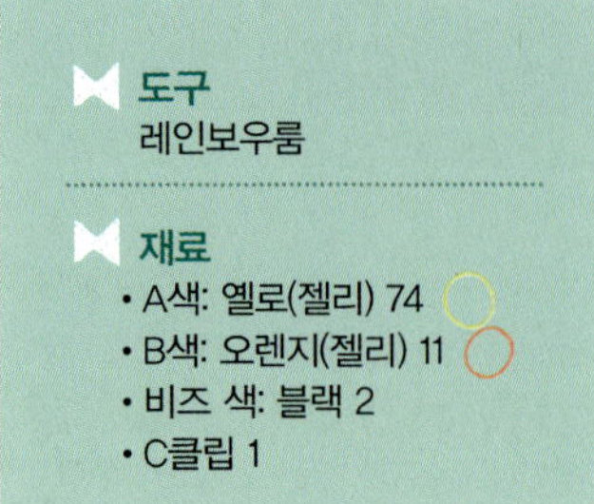

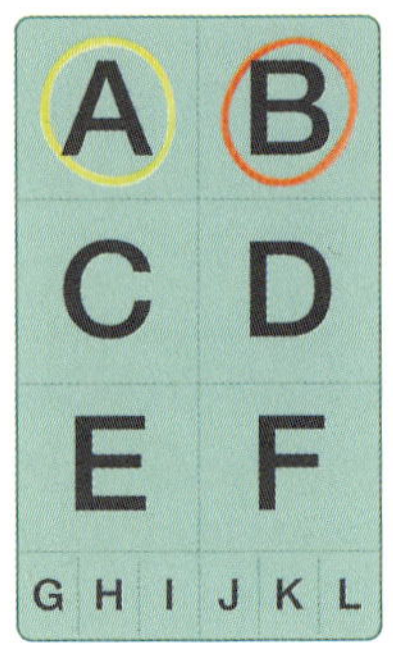

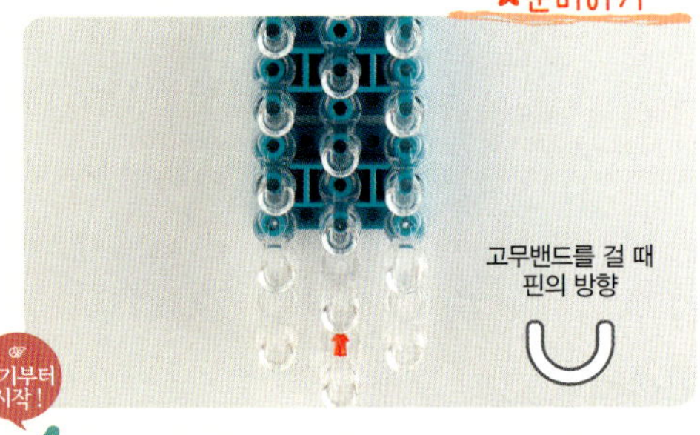

1 룸 본체는 핀의 뚫린 부분이 위를 향하게 합니다.

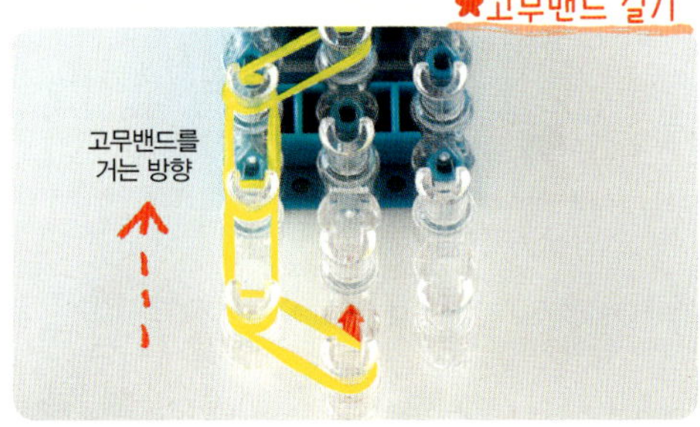

2 A 고무밴드를 2개씩 사용합니다. 가운뎃줄 맨 앞에서 왼쪽 줄에 A 고무밴드를 2개씩 걸고, 뒤쪽을 향하여 계속 겁니다.

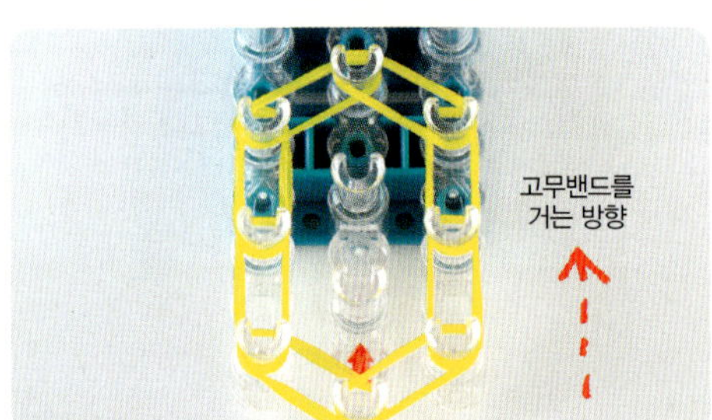

3 A 고무밴드를 2개씩, 가운뎃줄 맨 앞 핀에서부터 오른쪽 줄에 차례로 겁니다. 앞에서 뒤로 계속 겁니다.

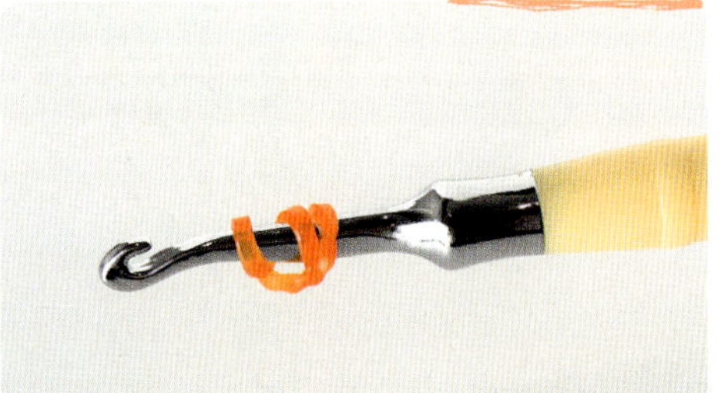

4 B 고무밴드 1개를 후크 끝에 2번 감아서 삼중으로 만듭니다.

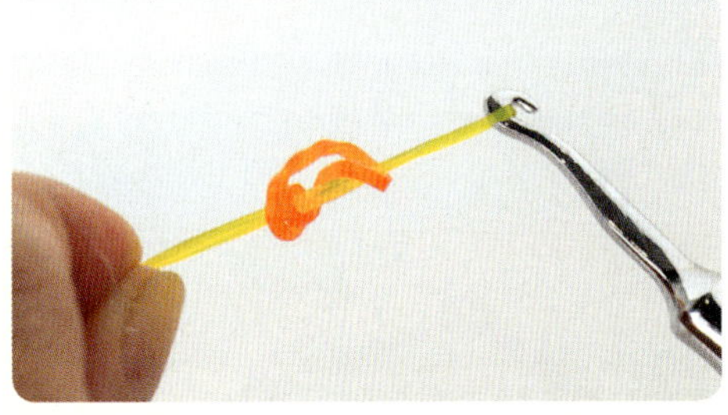

5 A 고무밴드 1개를 4번에서 만든 삼중 고리에 통과시킵니다.

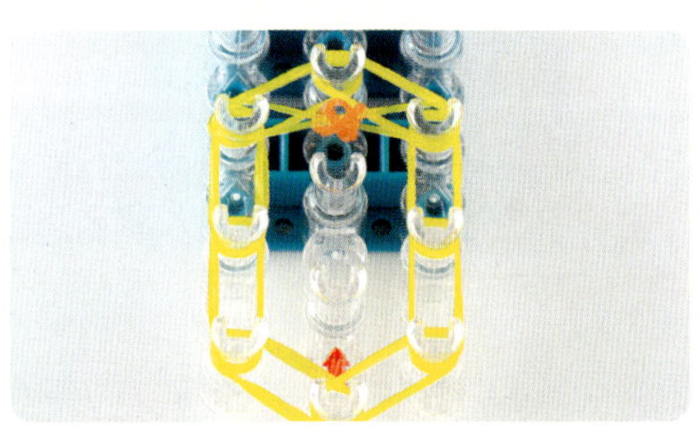

6 5번의 고무밴드를 꼬지 말고 그대로 좌우 줄의 앞에서 3번째 핀에 겁니다.

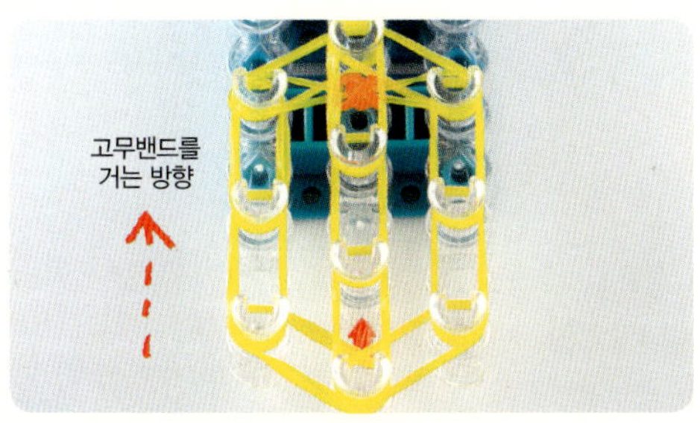

7 가운뎃줄 맨 앞부터 시작해서 가운뎃줄 4번째 핀까지, A 고무밴드 2개씩을 앞에서 뒤로 계속 겁니다.

8 눈이 될 비즈 2개를 A 고무밴드 1개에 통과시 킵니다(자세한 방법은 85쪽으로).

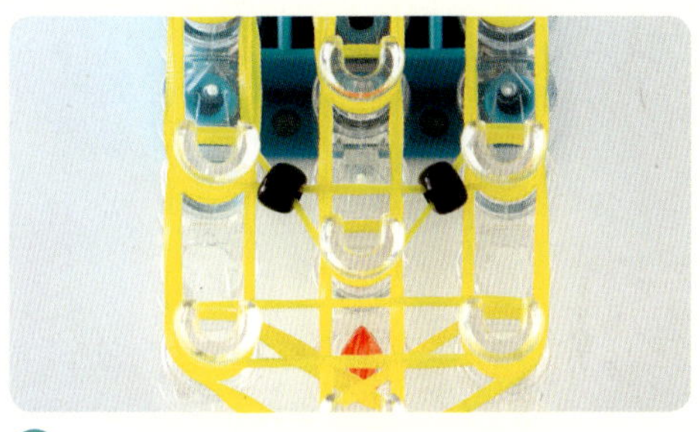

9 8번의 고무밴드를 꼬지 말고 좌우 줄과 가운뎃줄 의 앞에서 2번째 핀까지 3곳에 겁니다. 좌우 줄 맨 앞의 핀을 연결하듯이 A 고무밴드 2개를 겁니다.

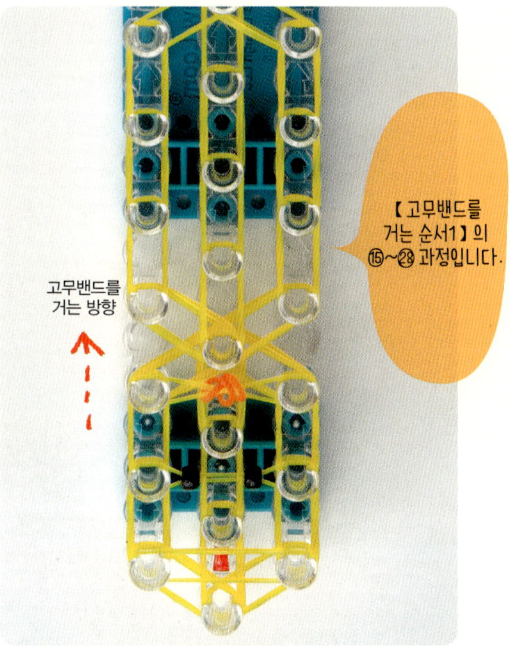

10 이번에는 병아리 몸통 부분입니다. 【고무밴 드를 거는 순서1】을 보면서 좌측, 우측, 가 운뎃줄의 순서로 앞쪽에서 뒤쪽으로 A 고무밴드를 2 개씩 겁니다.

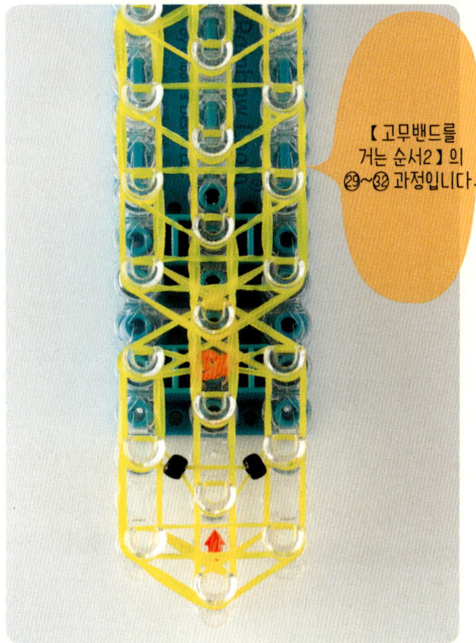

11 【고무밴드를 거는 순서2】를 보면서 앞쪽에 서 뒤쪽으로 A 고무밴드를 1개씩 겁니다.

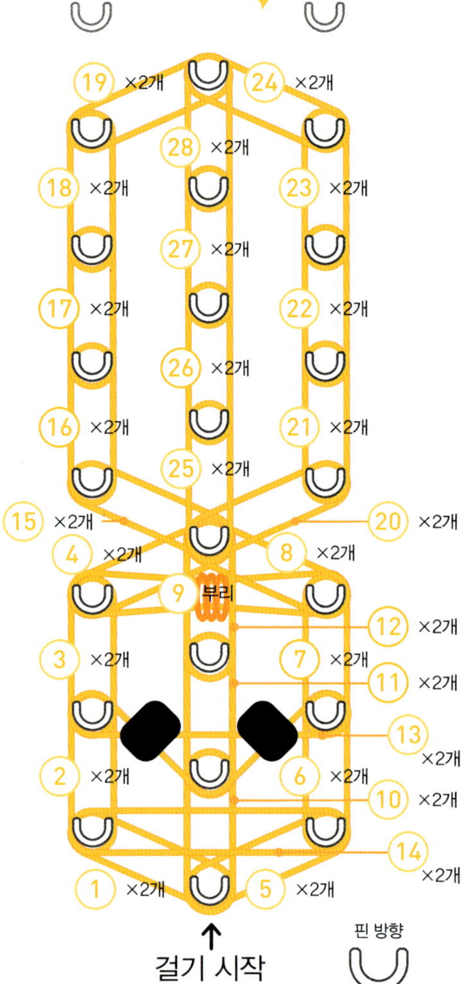

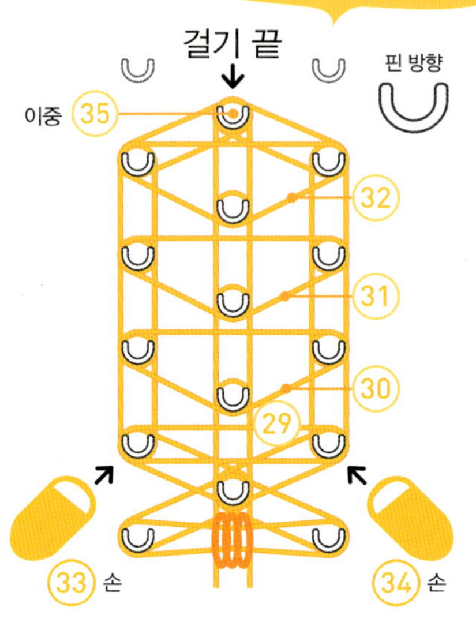

★손 만들기

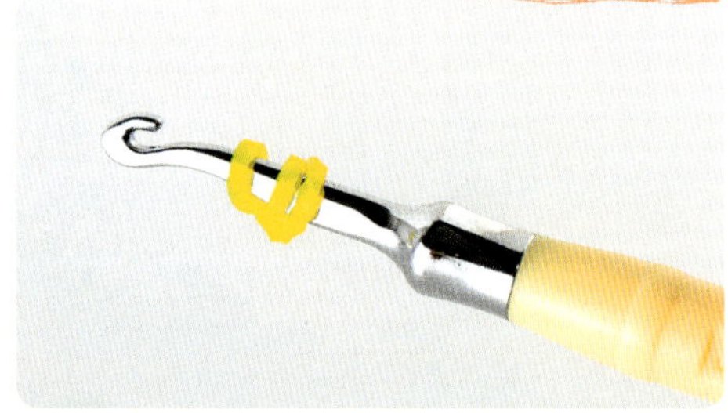

12 A 고무밴드 1개를 후크 끝에 2번 감아서 삼중으로 만듭니다.

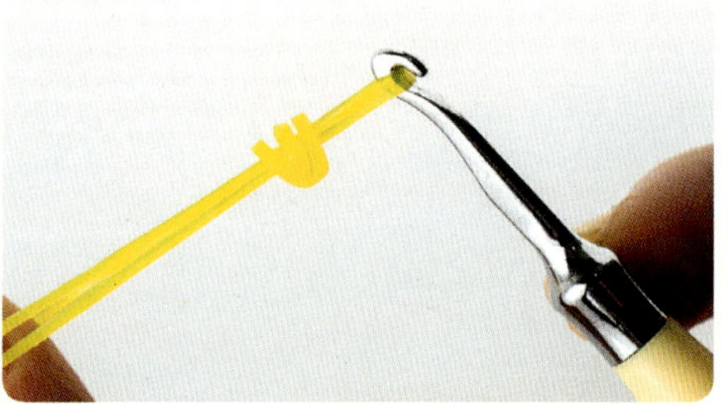

13 A 고무밴드 2개를 12번의 고무밴드에 통과시키고, 통과한 고무 양 끝을 후크에 걸어 둡니다.

14 13번에서 후크에 걸어둔 고리에 한 번 더 A 고무밴드 2개를 통과시키면 싱글 체인 1단이 생깁니다. 같은 과정을 다시 한 번 반복하면 싱글 체인 2단을 엮습니다.

★**본체 회전시켜 엮기 시작**

16 룸 본체를 180° 회전시켜서 가운뎃줄 제일 아래쪽 핀부터 엮기 시작합니다. 위에 걸린 A 고무밴드 2개의 안쪽으로 후크를 끼워 넣습니다.

18 같은 방법으로 가운뎃줄 앞쪽에서 뒤쪽으로 엮습니다. 【엮는 순서】의 ①~④의 순서로 엮습니다.

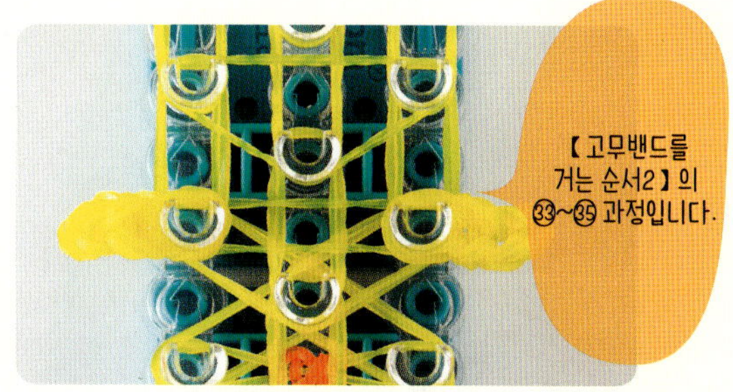

15 14번의 싱글 체인을 2개 만들어서 좌우 줄의 앞에서 4번째 핀에 각각 걸어 둡니다. 마지막으로 A 고무밴드 1개를 꼬아서 이중 고리를 만들어 가운뎃줄 제일 위의 핀에 덮어씌웁니다.

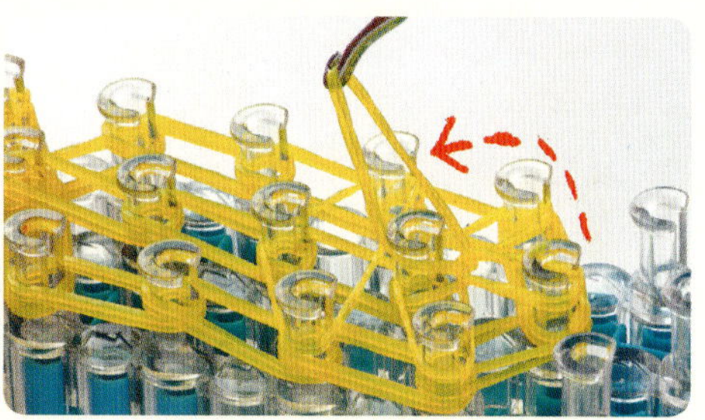

17 그 아래에 있는 A 고무밴드 2개를 후크에 걸고 당겨서 하나 위의 핀에 겁니다.

19 【엮는 순서】의 ⑤~⑭의 순서로 좌우 줄을 앞쪽에서 뒤쪽으로 엮습니다. 요령은 옆으로 넘긴 삼각형 고무밴드의 안쪽에서 당겨 빼내는 것입니다.

☆**틀리기 쉬운 포인트**

옆으로 넘긴 삼각형의 안쪽에 후크를 끼워 넣어서 아래의 고무밴드를 끌어당기듯이 엮습니다.

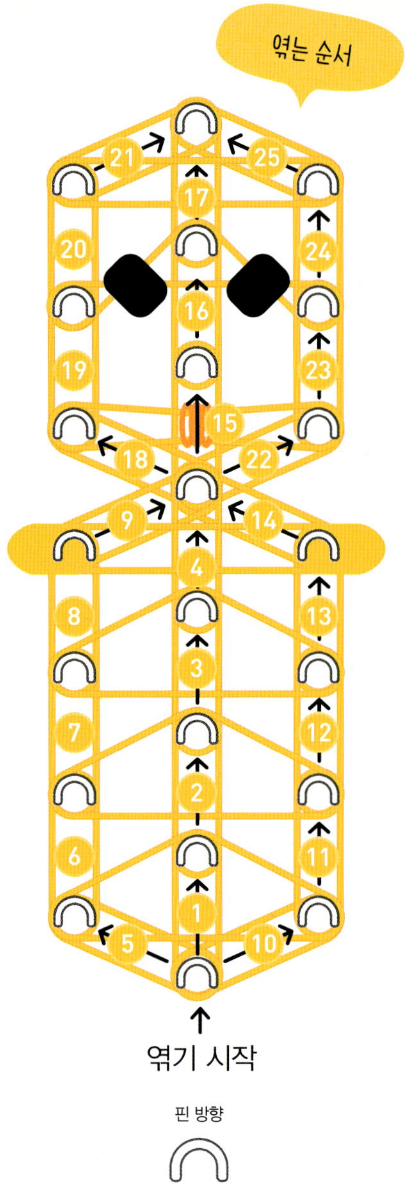

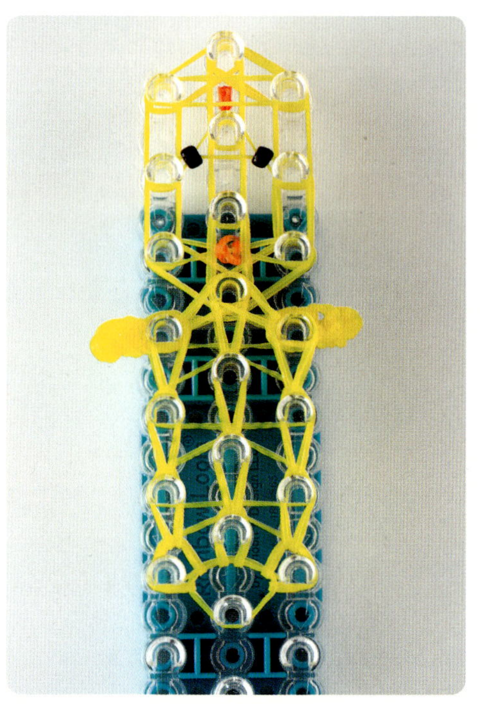

20 몸통 부분을 엮으면 이렇게 됩니다.

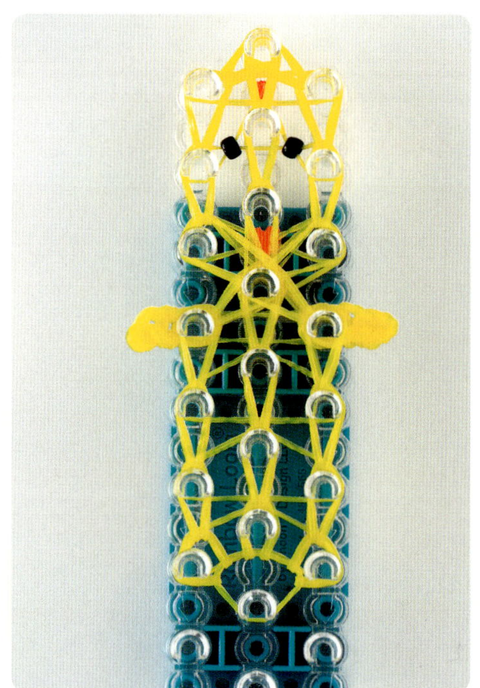

21 머리 부분도 【엮는 순서】의 ⑮~㉕의 순서로 앞쪽에서부터 뒤쪽으로 엮습니다.

22 제일 위쪽 핀의 고무밴드 전체에 A 고무밴드 1개를 통과시킵니다. 통과시킨 고무밴드 한쪽 끝을 다른 한쪽 끝 고리로 꺼내서 묶습니다.

23 매듭지은 고무밴드를 후크에 걸어서 전체를 핀에서 빼냅니다.

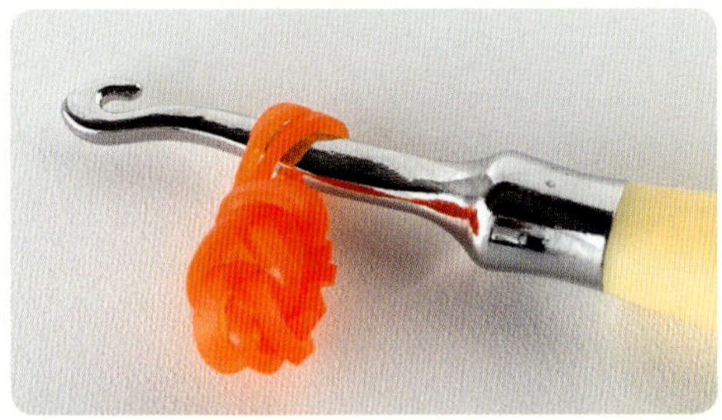

24 다리를 만듭니다. 12~14번의 방법으로 B 고무밴드로 싱글 체인 2단을 엮고, 한쪽 끝 (2개)을 다른 한쪽 끝의 고리(2개)로 통과시켜서 묶습니다. 같은 순서대로 다른 한쪽 다리를 만듭니다.

25 병아리 몸의 좌우 맨 아랫부분에 뒤쪽에서 후크를 끼워 넣습니다. 그 상태에서 발의 연결부를 후크에 걸어 고리 뒤쪽으로 당겨 꺼냅니다.

 → 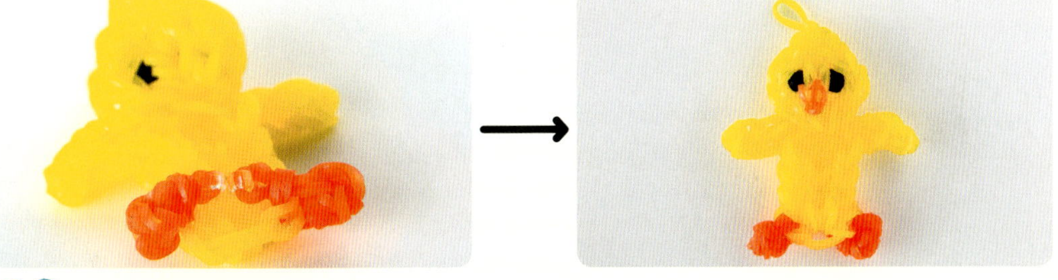

26 뒤쪽에서 양발을 C클립으로 연결해서 뒤집으면 완성입니다!

4가지 색 폼폼 참 장식

🌲 colorful Ball charm

다채로운 색상을 눈으로 즐기면서 간단히
만들 수 있는 참 장식. 그대로 오너먼트나
브로치로도 사용할 수 있습니다!

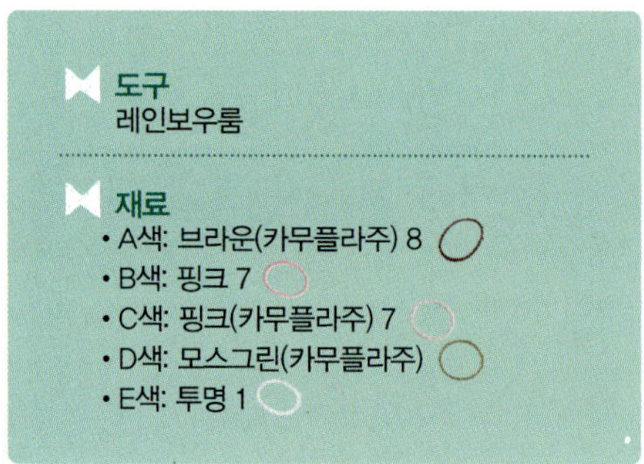

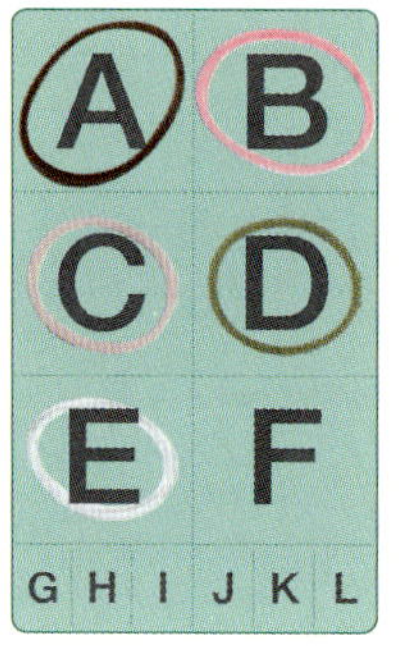

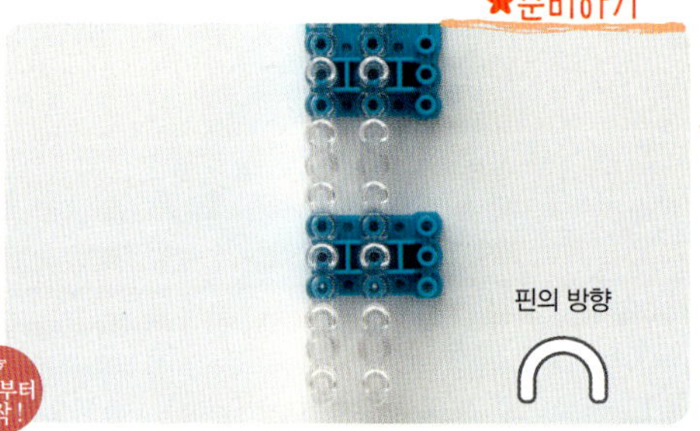

1 룸 본체는 핀 위치를 정렬하고 왼쪽 2줄을 사용
합니다. 핀의 뚫린 부분이 아래를 향하도록 놓
습니다.

2 A 고무밴드 1개를 꼬지 말고 오른쪽 줄 앞에서
부터 5번째 핀과 4번째 핀에 겁니다.

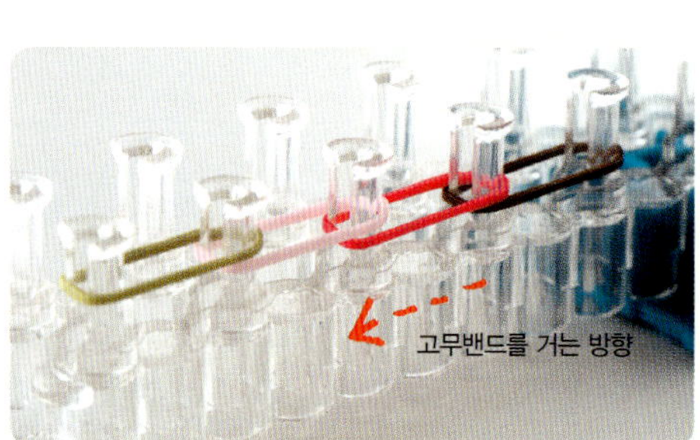

3 B, C, D의 고무밴드를 1개씩 뒤쪽에서부터 앞
쪽 순서로 핀에 겁니다. 4개를 걸면 1세트가 됩
니다.

4 맨 앞의 핀에 E 고무밴드를 이중으로 해서 덮
어씌웁니다. 이중으로 만든 E 고무밴드 안쪽에
후크를 끼워 넣고, 맨 아래에 있는 D 고무밴드를 당
겨 핀에서 뺀 뒤 바로 위의 핀에 겁니다.

 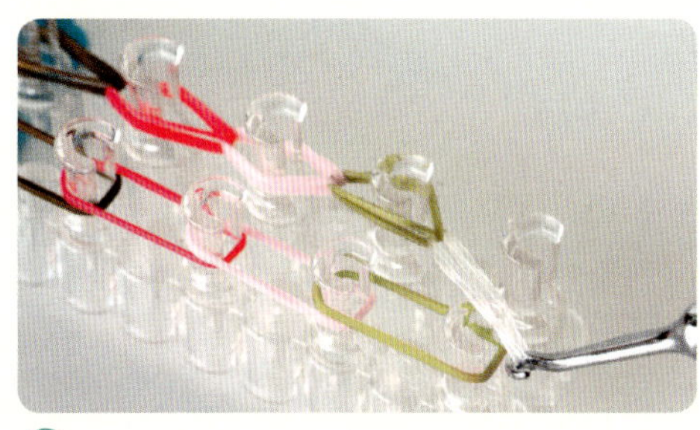

5 같은 방법으로 앞에서부터 순서대로 핀 안쪽에 후크를 끼워 넣고, 맨 아래의 고무밴드를 꺼내 바로 위 핀에 걸어서 위쪽까지 엮습니다.

6 왼쪽 줄에 2~3번의 방법으로 A~D 고무밴드를 1개씩 겁니다. 다음으로 오른쪽 줄의 맨 앞에 걸린 E 고무밴드를 후크로 꺼내서 왼쪽 줄 맨 앞의 핀 위에 겁니다.

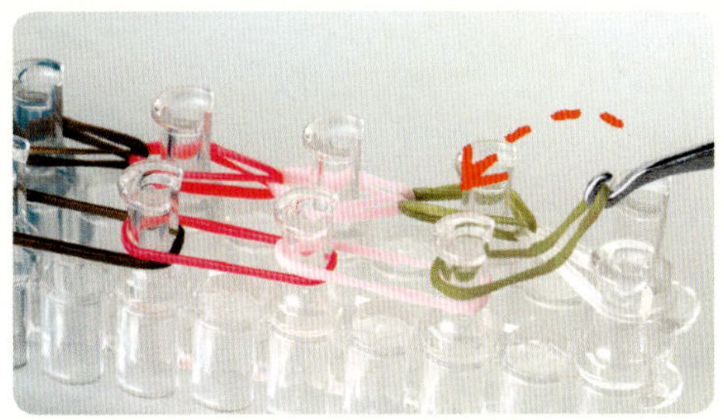 

A색: 레드　　B색: 옐로
C색: 라임그린　D색: 오션블루
E색: 투명

7 왼쪽 줄 맨 앞 핀에 걸린 E 고무밴드 안쪽에 후크를 끼워 넣고, 4~5번의 방법으로 위쪽까지 엮습니다.

8 왼쪽 줄 제일 위의 고무밴드를 후크로 꺼내서 옆 핀 위에 겁니다. 왼쪽 줄 가장 앞의 E 고무밴드는 빠지지 않도록 조심하면서, 왼쪽 줄의 핀에 걸린 고무밴드를 핀에서 뺍니다.

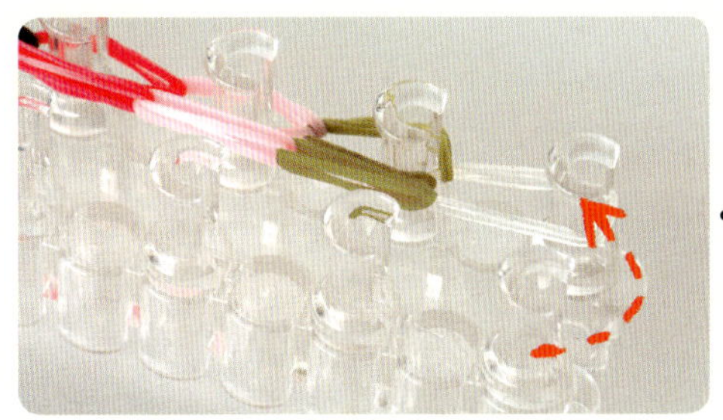 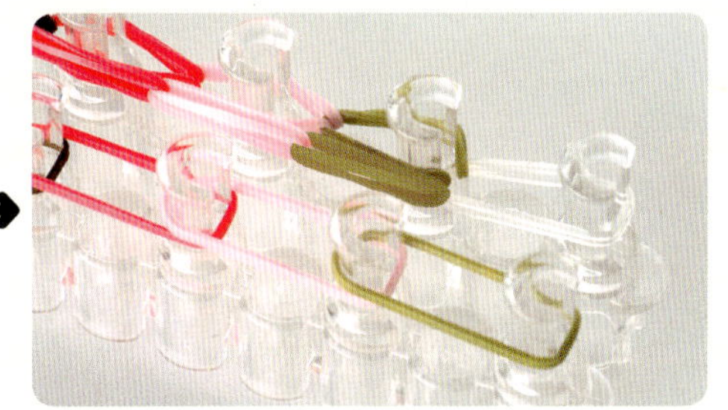

9 왼쪽 줄 가장 앞의 E 고무밴드를 후크에 걸어 빼고, 오른쪽 줄 가장 앞의 핀에 다시 겁니다. 다음으로 2~3번과 같은 순서로 왼쪽 줄에 A~D 고무밴드를 겁니다.

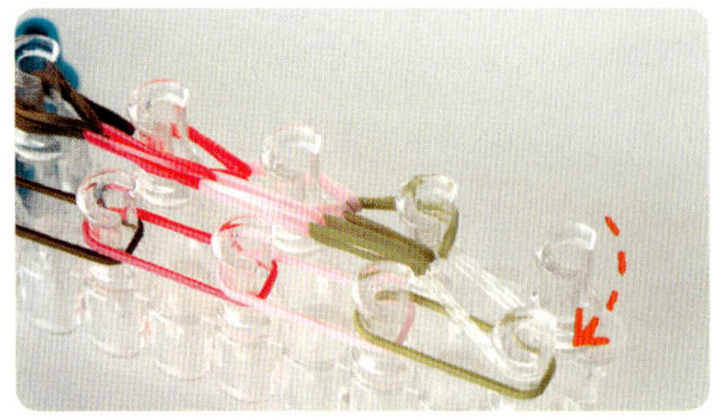

10 오른쪽 줄 가장 앞의 E 고무밴드를 왼쪽 줄 가장 앞의 핀에 다시 겁니다. 그런 다음 4~5 번과 같은 방법으로 왼쪽 줄을 엮습니다.

안에 방울을 넣거나, 리본과 연결하면 깜찍한 브로 치를 만들 수 있습니다. 리본 만드는 법이 궁금하다 면 96쪽을 봅시다♡

11 8~10번의 순서를 반복해서 전부 7번 엮으면 사진처럼 됩니다. 오른쪽 줄 제일 위에 걸린 고무밴드 전체를 후크에 걸고, 다른 부분은 룸에서 빼냅니다.

★마무리

12 A 고무밴드 1개를 후크에 걸린 고무밴드 전체에 통과시킵니다. 손으로 쥐고 있던 고무도 후크에 걸어서 오 른쪽 사진에서 후크에 남은 2개의 고리를 매듭지으면 완성입니다(매듭짓는 방법은 54쪽으로).

13 완성했다면 솜이나 필요 없는 고무밴드를 채워서 빵빵하게 만듭니다.

🌿 작은 하트 참 장식 만들기

자그마한 장식으로도 브로치로도 맹활약!
무척 달콤한 하트 장식 만들어 봅시다.

 도구	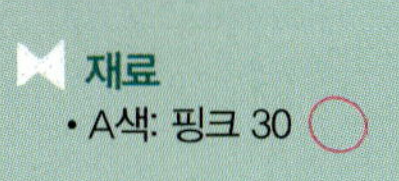 재료
레인보우룸	• A색: 핑크 30

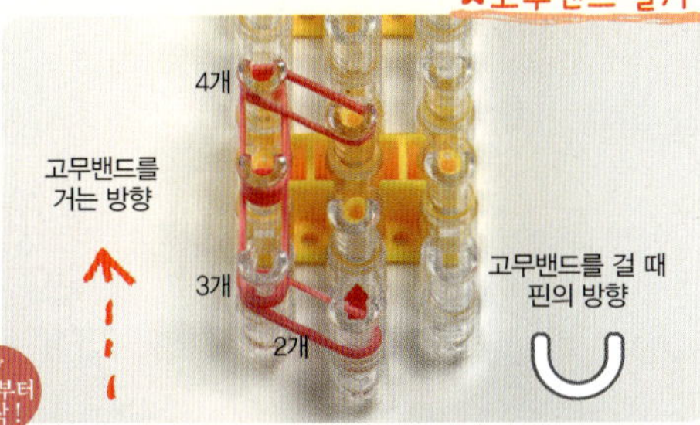

1 【고무밴드를 거는 순서】를 보면서 A 고무밴드를 왼쪽 줄에 겁니다. 각각 거는 고무밴드의 개수가 다르니 주의합니다.

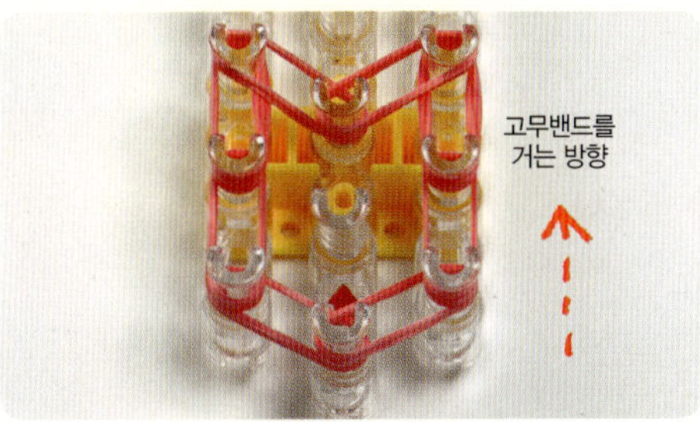

2 다음으로 【고무밴드를 거는 순서】를 보면서 앞서 했던 과정과 마찬가지로 A 고무밴드를 오른쪽 줄에 겁니다.

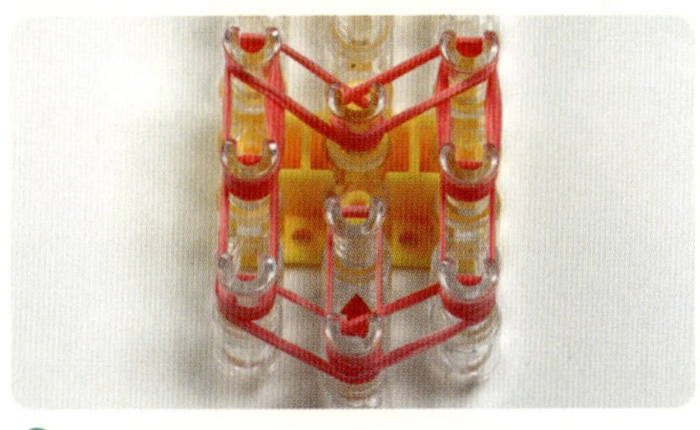

3 A 고무밴드 2개를 가운뎃줄 맨 앞 핀과 2번째 핀에 겁니다.

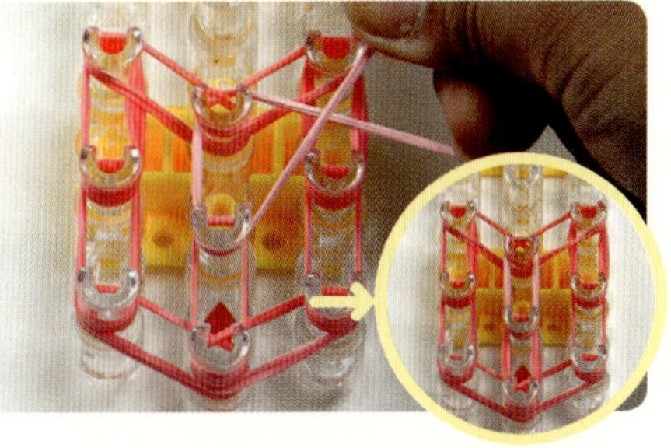

4 가운뎃줄 밑에서 2번째 핀과 3번째 핀에는 A 고무밴드 2개를 꼬아 이중으로 만들어 겁니다.

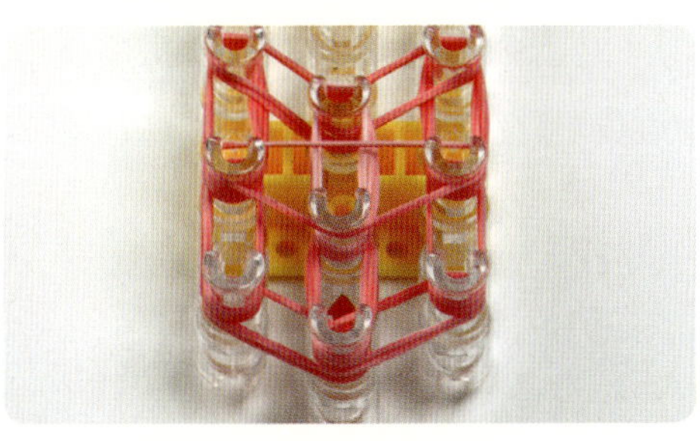

5 좌우 줄과 가운뎃줄 2번째 핀에 A 고무밴드 1개를 겁니다. 사진처럼 삼각형이 됩니다.

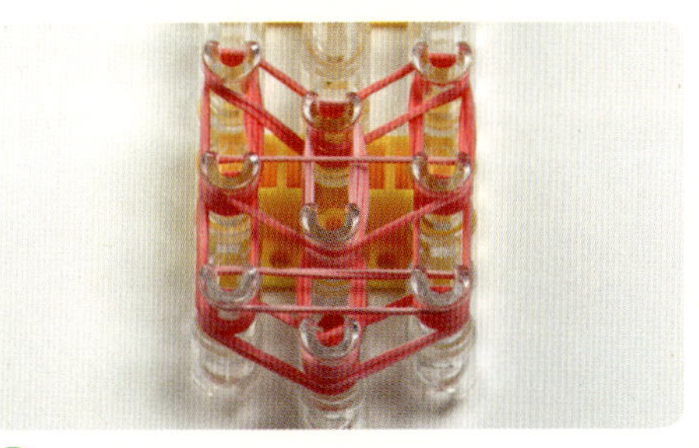

6 좌우 줄의 맨 앞 핀을 잇듯이 A 고무밴드 1개를 꼬아서 이중으로 만들어 겁니다.

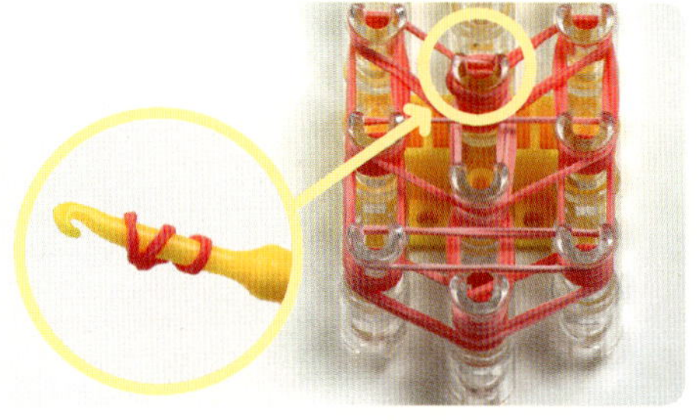

7 가운뎃줄 밑에서 3번째 핀에 A 고무밴드 1개를 삼중으로 만들어 덮어씌웁니다.

★본체 회전시켜 엮기 시작

8 룸 본체를 180° 회전시킵니다. 가운뎃줄 맨 앞의 핀에 걸린 삼중으로 만든 고무밴드 안쪽에 후크를 끼워 넣습니다.

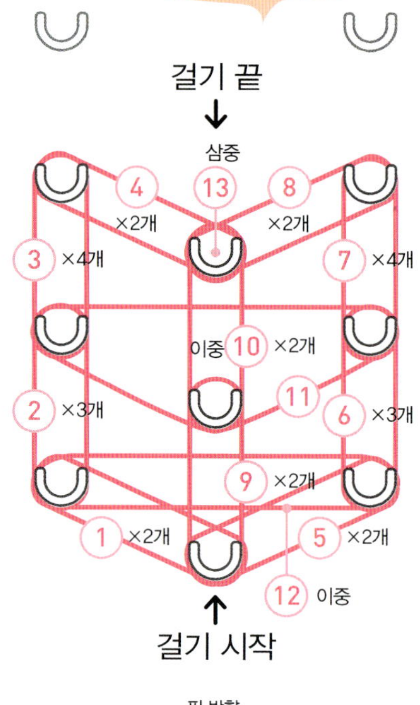

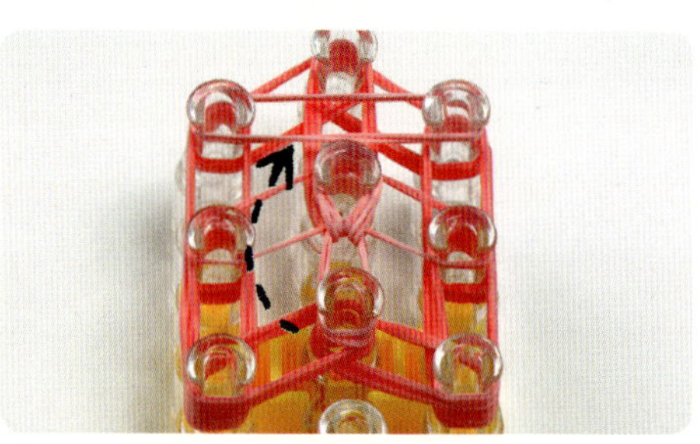

9 살짝 힘이 필요한 작업으로, 그 아래에 걸린 고무밴드 2개를 한꺼번에 후크에 걸어 꺼낸 뒤, 그 위의 핀에 겁니다. 위에 걸린 고무밴드가 빠지지 않도록 주의합니다.

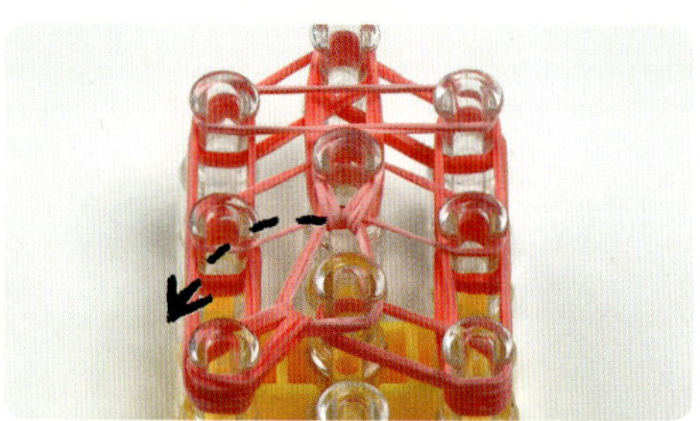

10 가운뎃줄 맨 앞 핀의 삼중 고무밴드에 후크를 끼워 넣어, 그 아래의 고무밴드 4개를 왼쪽 줄 맨 앞 핀에 겁니다.

11 왼쪽 줄 앞에서부터 뒤쪽의 순서로, 핀 가운데에 후크를 끼워 넣어 핀 맨 아래에 걸린 고무밴드를 각각의 개수만큼 빼서 위 핀에 겁니다.

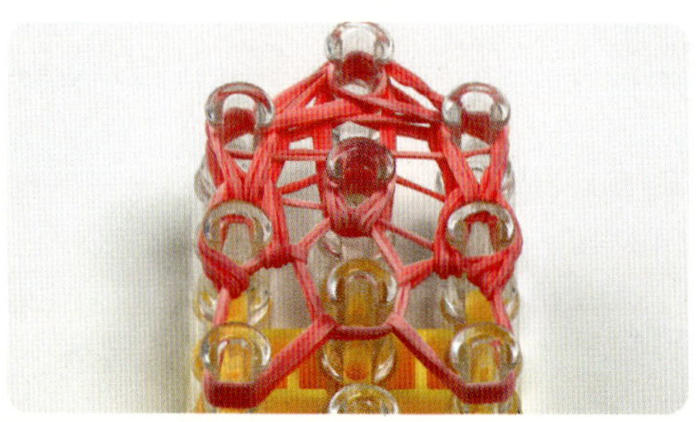

12 79쪽의 【엮는 순서】와 같은 방식으로 오른쪽 줄 끝까지(⑥~⑨) 엮습니다.

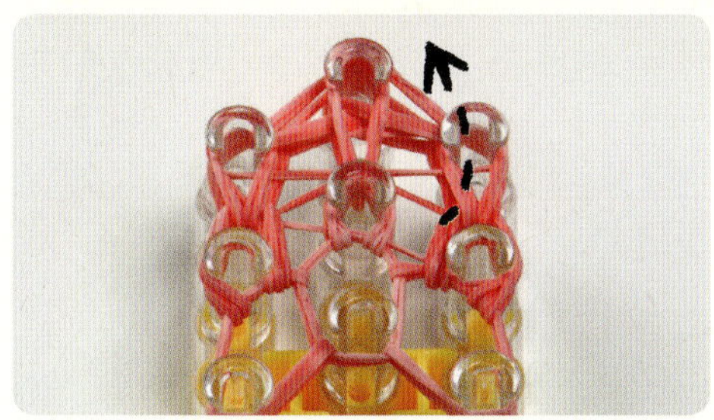

13 가운뎃줄 밑에서 2번째 핀 맨 위에 걸린 고
무밴드 2개를 안쪽에서 꺼내서 제일 위 핀
에 겁니다.

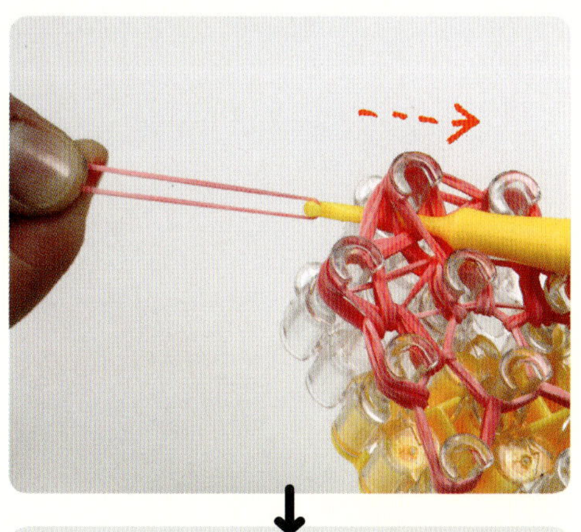

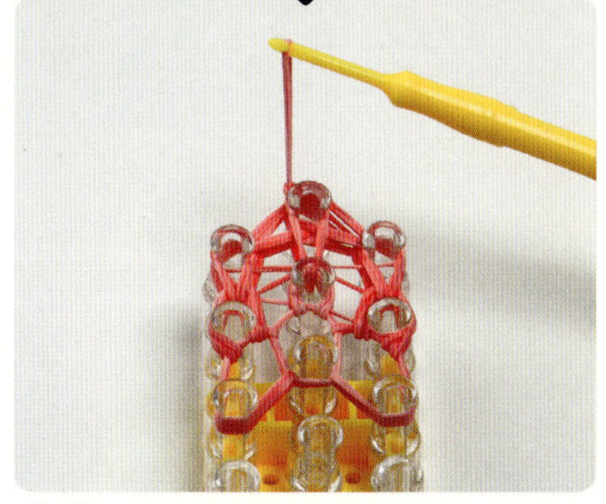

14 제일 위 핀에 걸린 고무밴드 전체에 후크를
끼워 넣고, A 고무밴드 1개를 통과시켜서
매듭짓습니다(자세한 방법은 54쪽으로).

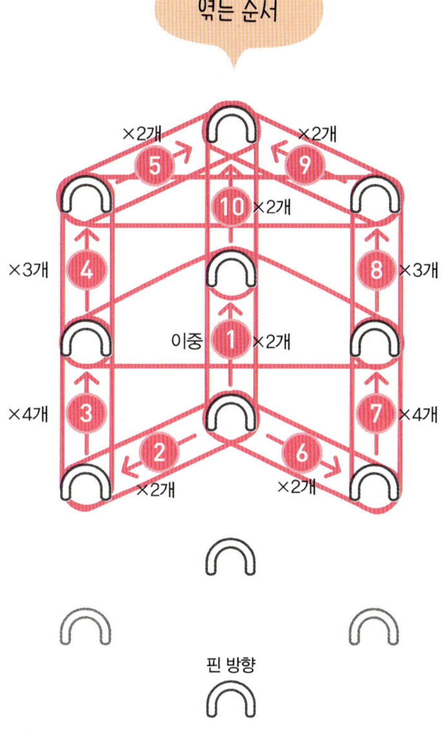

15 핀에서 빼서 튀어나온 고무밴드를 본체 속
에 숨깁니다. 전체적인 모양을 다듬으면 완
성입니다.

과일 장식 연필 캡
🌲 Fruits Pencil charm

밋밋한 연필에 달면 깜찍한 악센트! 좋아하는 참 장식을 달면 내 마음에 쏙 드는 필기구로 변신!

A색: 화이트
B색: 라임그린

A색: 옐로
B색: 화이트

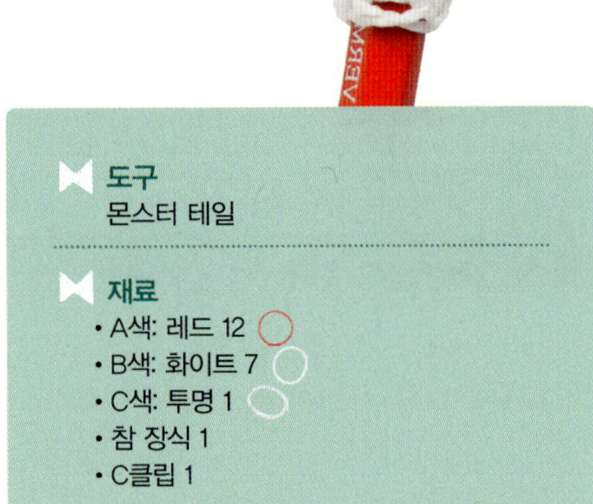

>< 도구
몬스터 테일

>< 재료
• A색: 레드 12 ◯
• B색: 화이트 7 ◯
• C색: 투명 1 ◯
• 참 장식 1
• C클립 1

A	B
C	D
E	F

G H I J K L

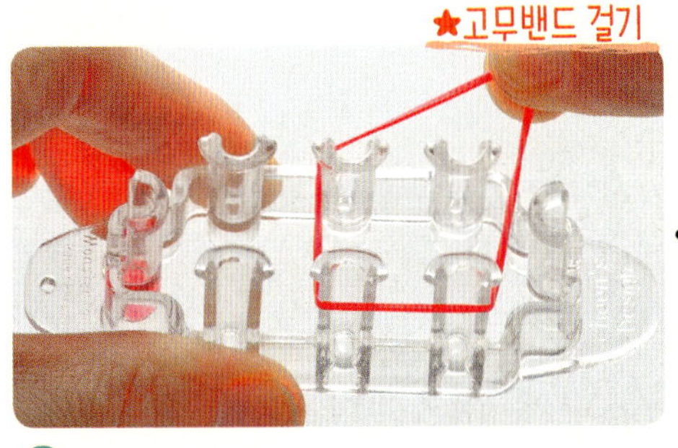

여기부터 시작! 걸기 시작

※C 고무밴드 1개는 참 장식을 달 때 사용하도록 따로 둡니다.

1 사진처럼 A·B 고무밴드를 사용할 순서대로 배열해 두면 실수하지 않고 엮을 수 있어서 편리합니다.

★고무밴드 걸기

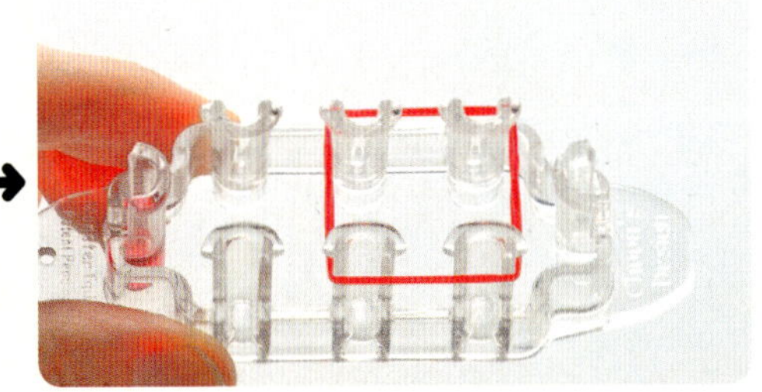

2 A 고무밴드 1개를 사각형을 만들듯이 4개의 핀에 겁니다.

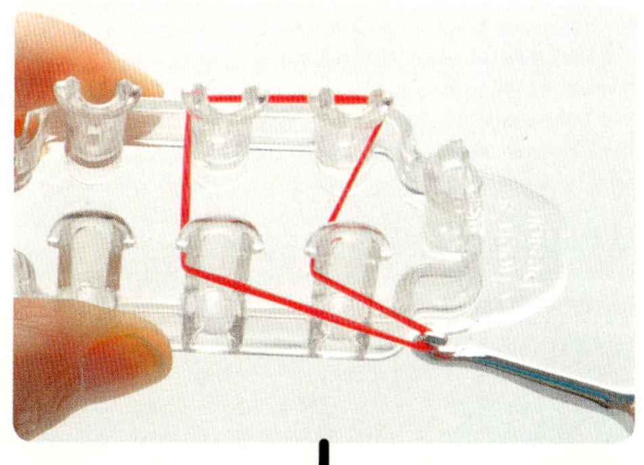

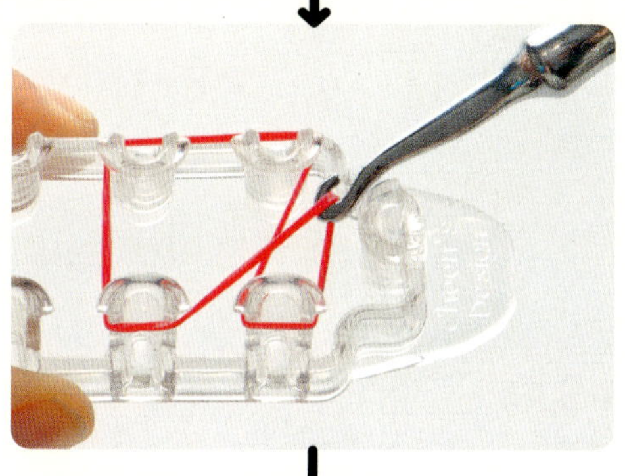

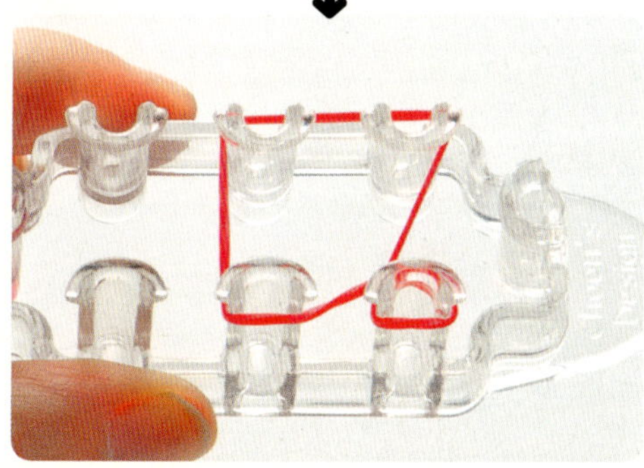

3 고무밴드 오른쪽 밑을 후크로 당겨서 1번 꼬아 오른쪽 아래 핀에 다시 겁니다.

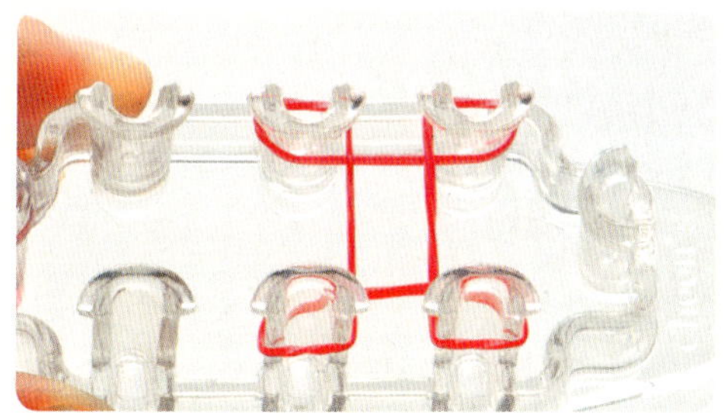

4 남은 3곳도 같은 방법으로 1번 꼬아서 다시 겁니다.

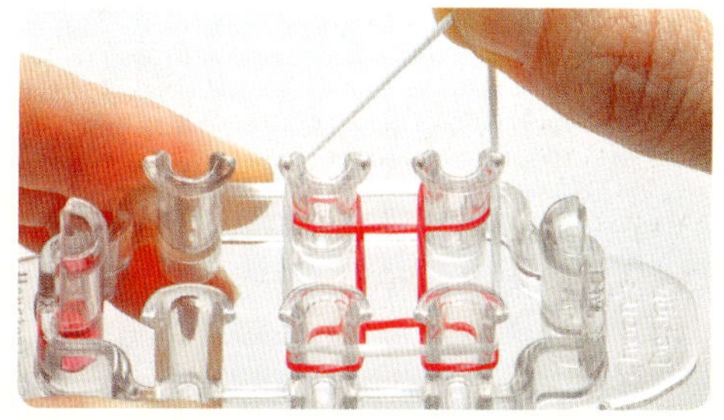

5 B 고무밴드 1개를 꼬지 말고 4개의 핀 위에 겁니다.

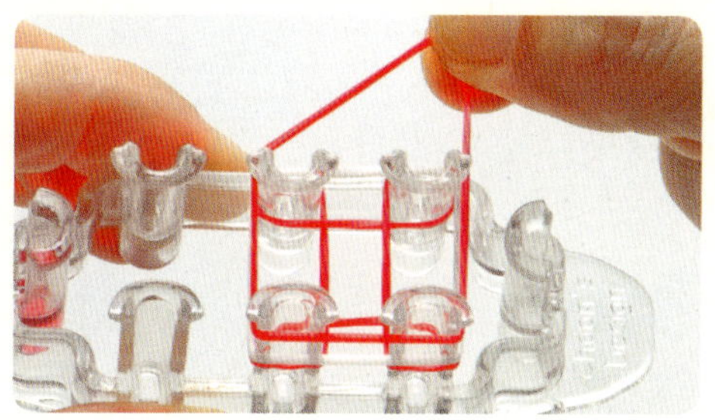

6 A 고무밴드 1개를 꼬지 말고 4개의 핀 위에 겁니다.

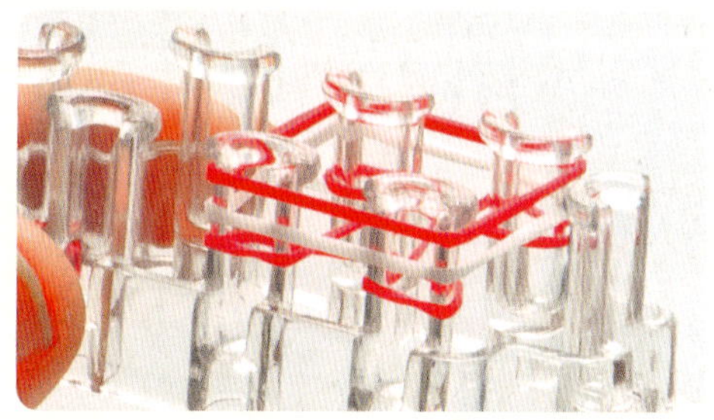

7 옆에서 보면 이렇게 됩니다. 이제 엮기 시작합니다.

☆레인보우룸으로도 할 수 있어요 ♪

사진처럼 이 방법은 레인보우룸 본체를 사용해도 똑같이 만들 수 있습니다. 도전해 봅시다!

8 오른쪽 아래 핀의 맨 아래에 있는 A 고무밴드 1개를 후크를 이용해 바깥쪽에서 당겨서 뺀 뒤 위에 덮어씌웁니다.

9 남은 3곳도 같은 방법으로 제일 밑에 있는 고무밴드를 바깥쪽에서 당겨서 위에 덮어씌우며 엮습니다.

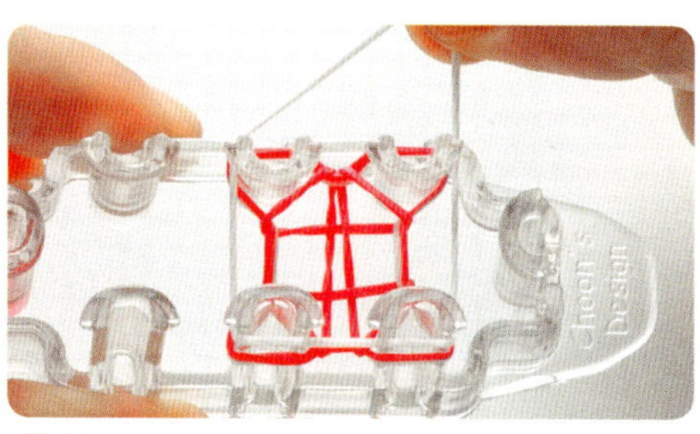

10 B 고무밴드 1개를 꼬지 말고 4개의 핀 위에 겁니다.

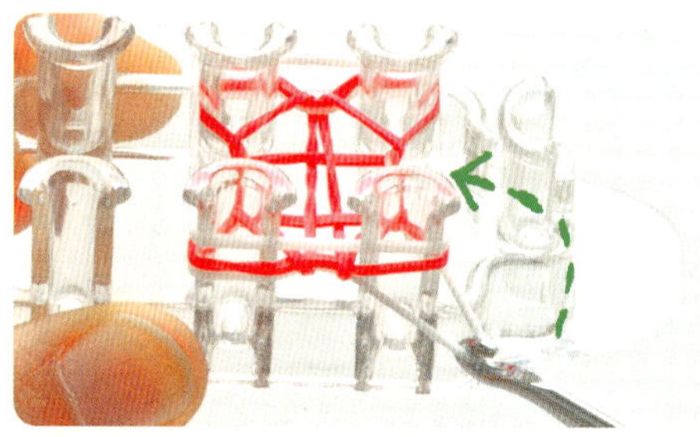

11 같은 방법으로 오른쪽 아래 핀의 맨 아래에 있는 B 고무밴드 1개를 바깥쪽에서 당겨서 위에 덮어씌웁니다.

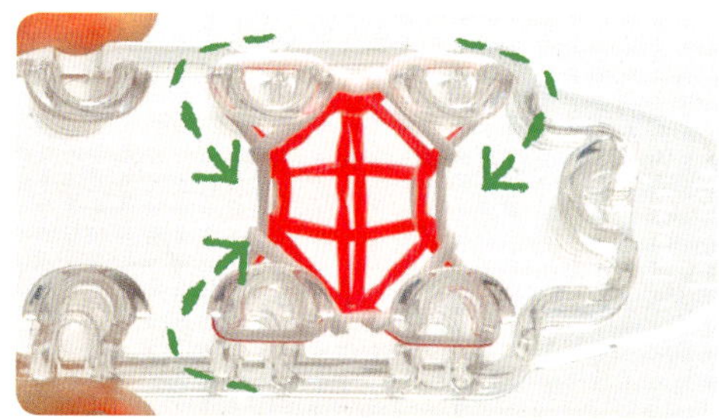

12 남은 3곳도 같은 방법으로 맨 아래에 있는 고무밴드를 바깥쪽에서 당겨서 위에 덮어씌우며 엮습니다.

13 1번에서 배열한 순서대로 16번 엮고, 마지막에 남은 A 고무밴드 1개를 4개의 핀 위에 겁니다.

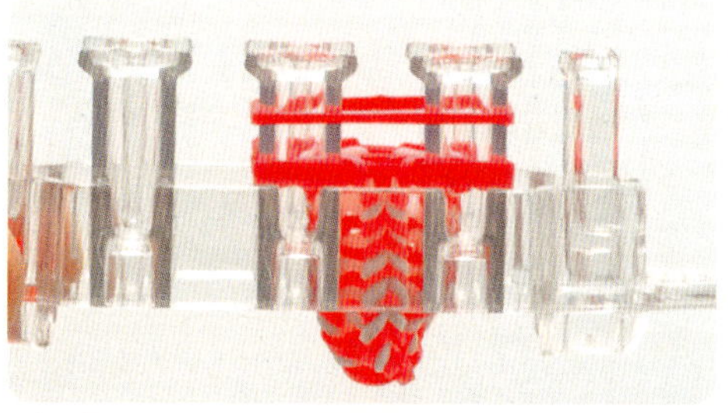

14 옆에서 보면 이렇게 됩니다. 나중에 연필을 넣어야 하니 엮은 부분을 아래로 당기지 않도록 주의합니다. 연필을 넣기 힘들어집니다.

15 마지막에는 아래에 걸린 고무밴드 2개를 바깥쪽에서 당겨서 핀에서 뺀 뒤, 위에 덮어씌웁니다.

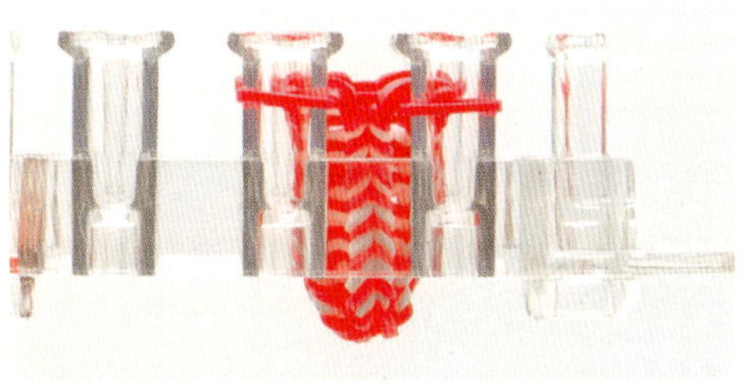

16 남은 3곳도 같은 방법으로 맨 아래의 고무밴드 2개를 바깥쪽에서 당겨서 위에 덮어씌워 엮습니다.

17 캡을 씌울 연필 끝을 가운데 구멍에 꽂습니다.

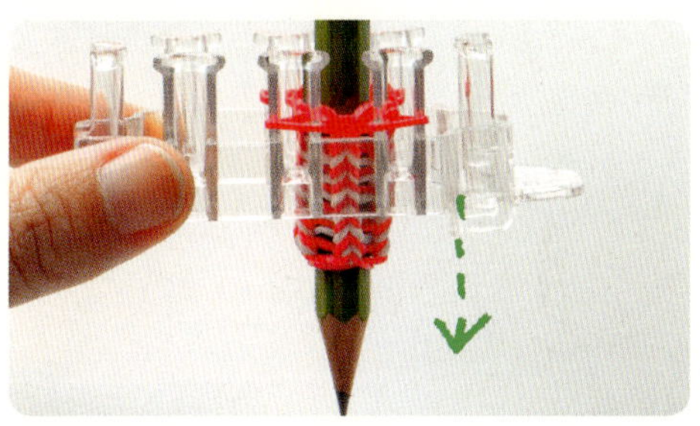

18 너무 세게 당기지 않도록 조심하며 천천히 통과시킵니다.

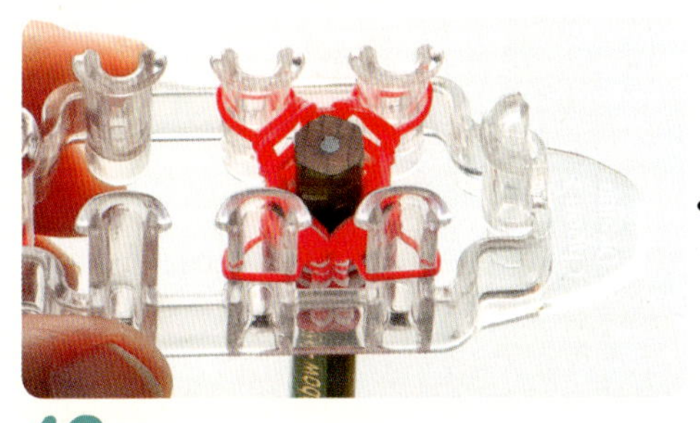

19 연필 끝 부분이 약 5밀리 정도 남았을 때 멈춥니다.

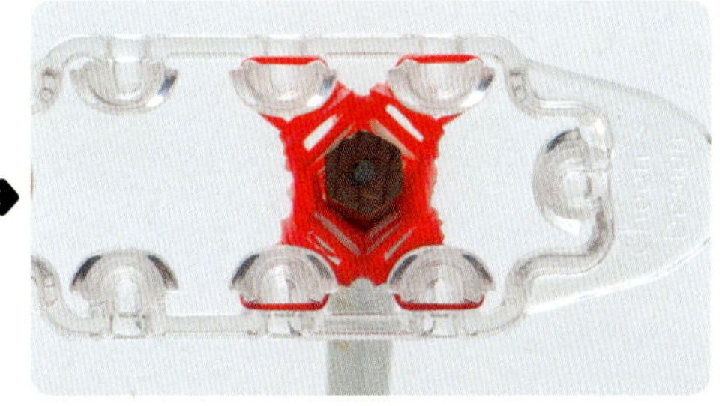

20 왼쪽 아래 핀에 걸린 고무밴드를 후크로 걸어 당깁니다.

21 20번에서 후크로 당긴 고무밴드를 오른쪽 위 핀에 겁니다.

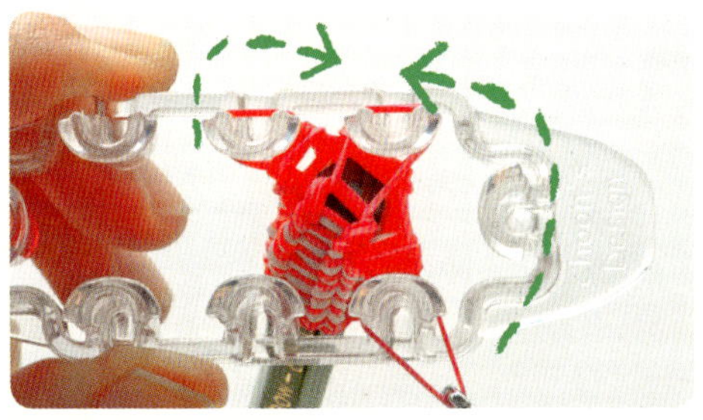

22 같은 방법으로 오른쪽 아래 핀에 걸린 고무 밴드와 왼쪽 위 핀에 걸린 고무밴드도 순서 대로 오른쪽 위 핀에 정리합니다.

23 고리가 전부 하나의 핀에 정리되었습니다.

24 핀에 걸린 전체 고리 4개에 C클립을 단단 히 고정합니다.

25 핀에서 빼면 연필 캡이 완성됩니다. C클립 에 마음에 드는 참 장식을 달아 봅시다.

26 마음에 드는 참 장식에 투명한 C 고무밴드 1 개를 통과시켜서 C클립에 걸면 완성입니다.

버튼이나 비즈 꿰기

비즈나 버튼의 작은 구멍에 고무밴드를 끼우기는 쉽지 않습니다. 그럴 때 사용하는 간단한 방법을 소개합니다. 곤란할 때 써 봅시다.

도구 수예용 가는 와이어 혹은 낚싯줄(모두 저가 생활용품점에서 구입 가능)

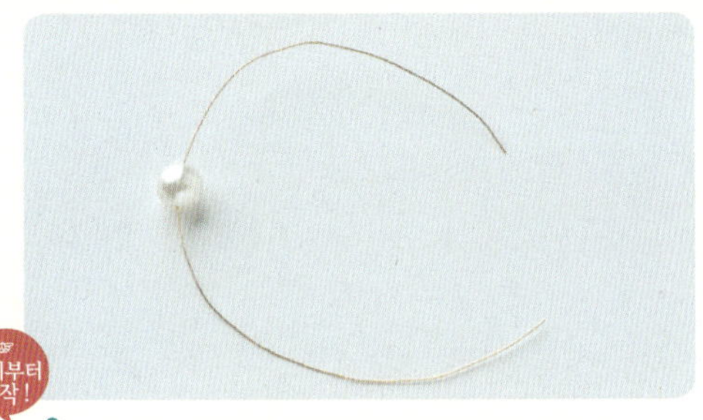

1 가는 와이어(혹은 낚싯줄)를 짧게 잘라서 비즈 구멍에 꿰웁니다.

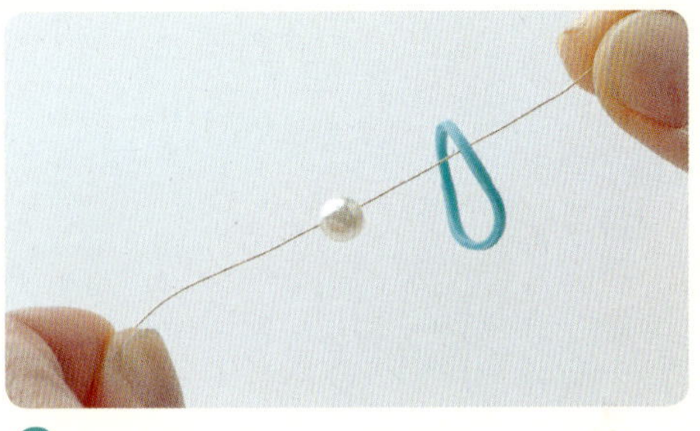

2 비즈를 꿴 와이어에 고무밴드를 통과시킵니다.

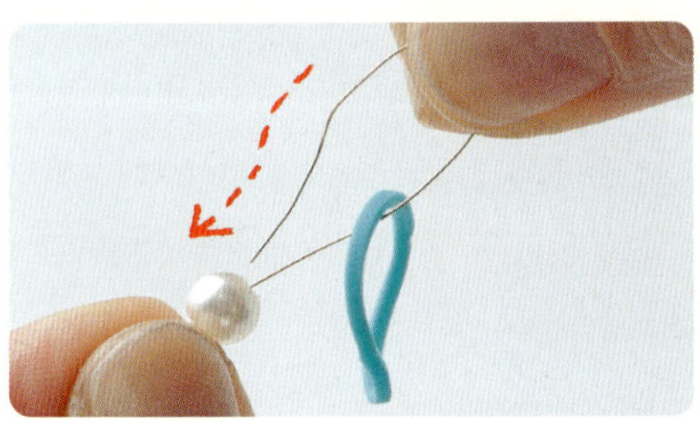

3 고무밴드가 걸린 쪽의 와이어 끝을 다시 비즈 구멍에 끼웁니다.

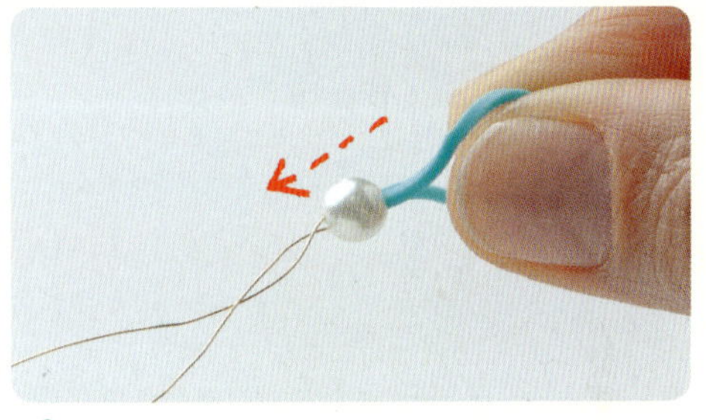

4 와이어 양끝을 모아 쥐고 조심스럽게 당겨서 비즈 구멍으로 고무밴드가 나오게 합니다.

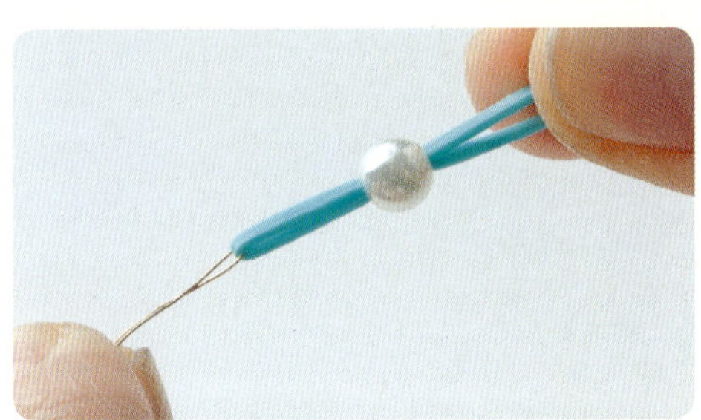

5 비즈 구멍으로 고무밴드가 나왔다면 와이어만 제거합니다.

꽃 장식 머리핀
Blooming Flowers Barrette

예쁜 꽃이 활짝 핀 듯한 화려한 머리핀은
좋아하는 옷과 매치할 수 있게 나만의 색을
골라서 만들어요♪

A색: 핑크 B색: 레드
C색: 오렌지 D색: 옐로
E색: 라임그린 F색: 오션블루
G색: 퍼플

> ◄ **도구**
> 레인보우룸
>
> ◄ **재료**
> - A색: 올리브그린 23
> - B색: 옐로(파스텔) 20
> - C색: 블루(파스텔) 20
> - D색: 오렌지 10
> - 머리핀용 자동판대

★★★

☆ **먼저 고무밴드를 배열합니다**

Tip

고무밴드 색상을 틀리기 쉬우므로 작업 시작 전, 색상별로 고무밴드
개수를 미리 세어서 필요한 순서대로 배열해 둡니다.

1번째 꽃 ○○○○○○○○○○	A 고무밴드 10
2번째 꽃 ○○○○○○○○○○	B 고무밴드 10
3번째 꽃 ○○○○○○○○○○	C 고무밴드 10
4번째 꽃 ○○○○○○○○○○	D 고무밴드 10
5번째 꽃 ○○○○○○○○○○	C 고무밴드 10
6번째 꽃 ○○○○○○○○○○	B 고무밴드 10
7번째 꽃 ○○○○○○○○○○	A 고무밴드 10
마무리용 ○○○	A 고무밴드 3

베이스를 달지 말고
비워 둡니다.

여기부터
시작!

1 룸 본체는 가운뎃줄을 제외하고 좌우 2줄만 사용합니다. 앞에서부터 3번째와 4번째 핀의 아래에는 베이스를 달지 말고 비워 둡니다.

2 왼쪽 줄 앞에서 3번째 핀과 오른쪽 줄 4번째 핀에 A 고무밴드 1개를 꼬아서 겁니다.

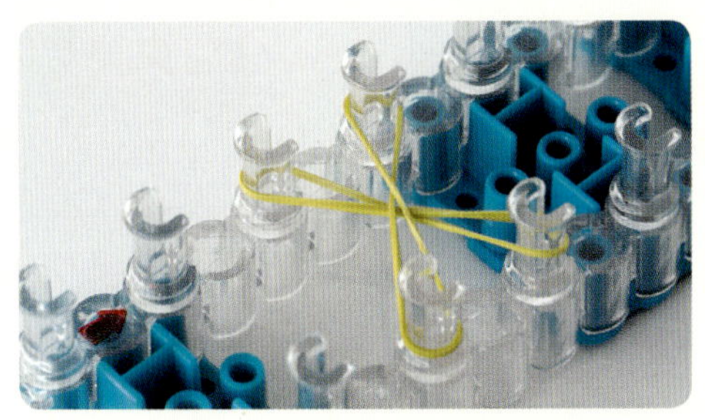

3 왼쪽 줄 앞에서 4번째 핀과 오른쪽 줄 3번째 핀에 A 고무밴드 1개를 꼬아서 겁니다.

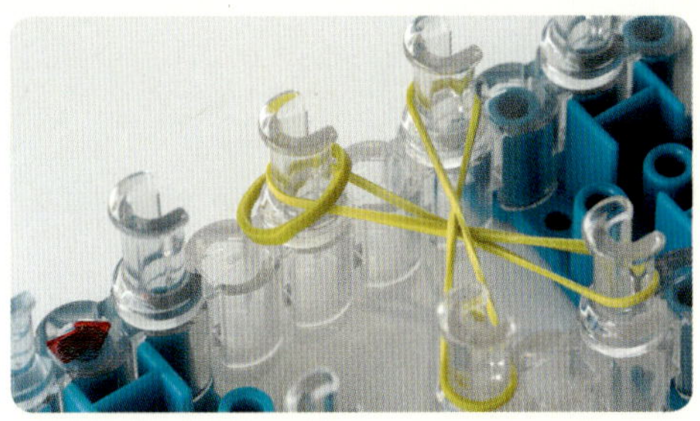

4 X자 모양이 된 고무밴드의 왼쪽 위 핀에 A 고무밴드를 1개 겁니다.

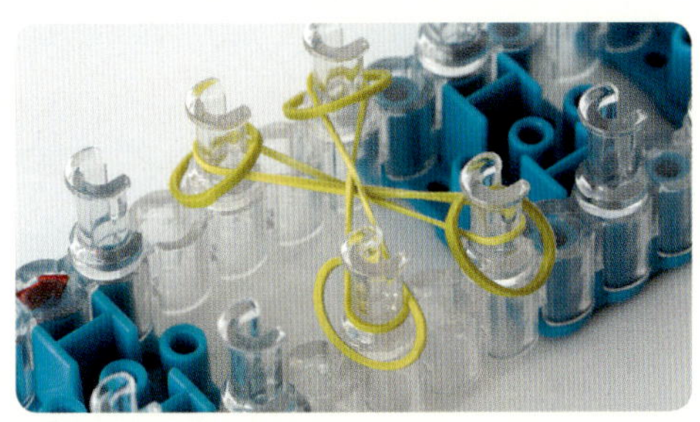

5 X자 모양 핀의 남은 3곳에도 A 고무밴드를 1개 그대로 겁니다.

6 A 고무밴드 1개를 1번 꼬아서 이중으로 만듭니다.

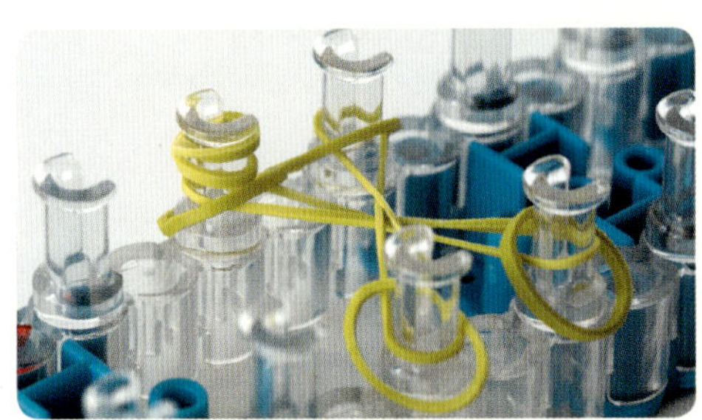

7 이중으로 만든 A 고무밴드 1개를 X자 모양의 왼쪽 위 핀에 겁니다.

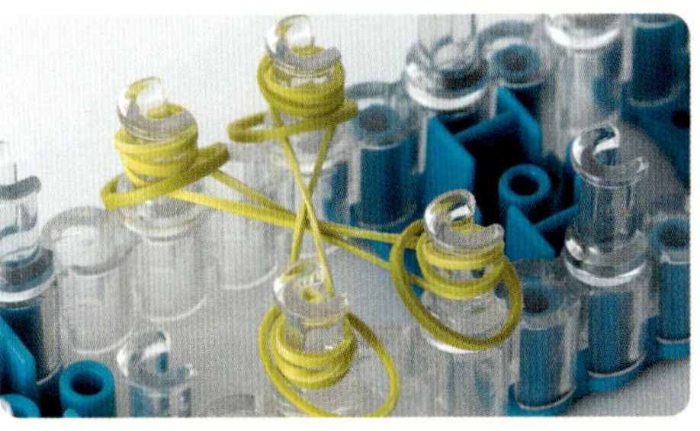

8 X자 모양 핀의 남은 3곳에도 각각 A 고무밴드 1개씩을 이중으로 만들어 겁니다.

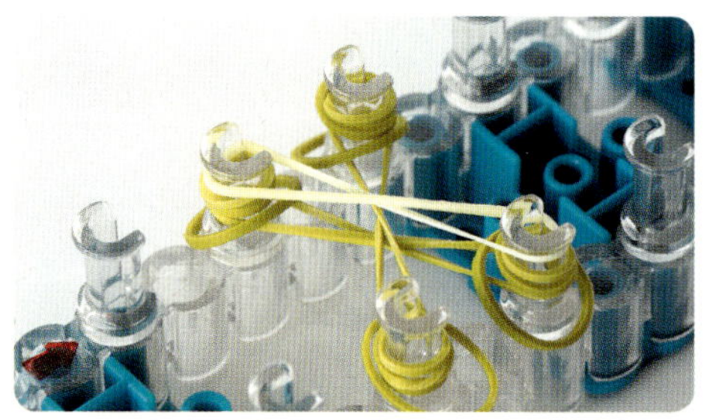

9 X자 모양의 왼쪽 위 핀과 오른쪽 아래 핀에 B 고무밴드 1개를 꼬아서 겁니다.

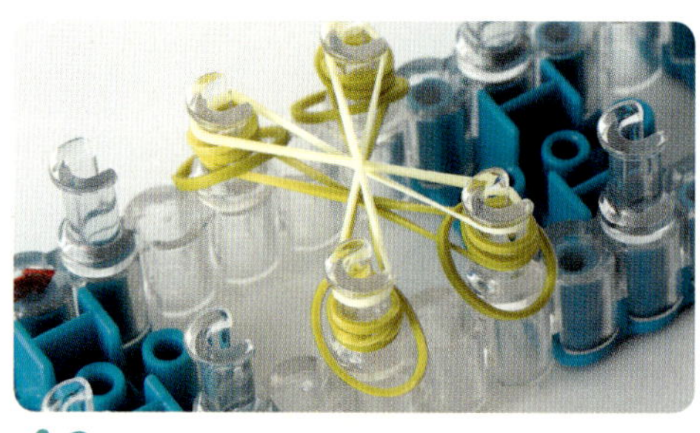

10 X자 모양의 오른쪽 위 핀과 왼쪽 아래 핀에 B 고무밴드 1개를 꼬아서 겁니다. 89쪽 그림을 참고해서 엮어 갑니다.

11 X자 모양의 오른쪽 아래 핀 제일 밑에 있는 A 고무밴드를 후크로 당깁니다. 그대로 오른쪽 아래 핀에서 빼서 위에 덮어씌우며 엮습니다.

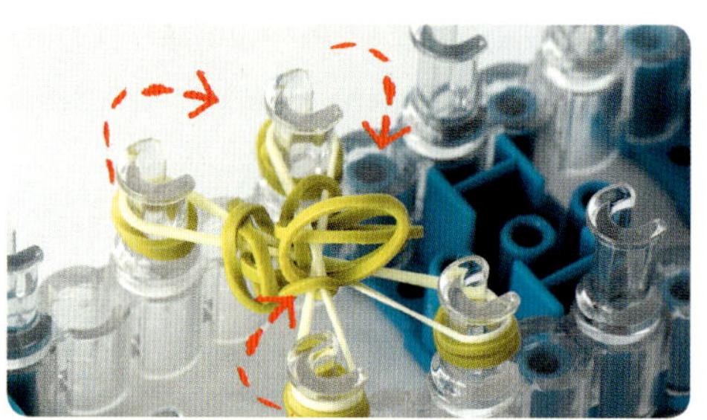

12 남은 3곳도 제일 아래에 있는 A 고무밴드를 당겨서 위에 덮어씌웁니다. 4~5번에서 건 A 고무밴드 4곳도 위에 덮듯이 엮습니다.

13 X자 모양 오른쪽 아래로, 맨 밑에 이중으로 만들었던 A 고무밴드를 후크로 당깁니다. 그대로 핀에서 빼서 위에 덮어씌웁니다.

14 남은 3곳도 아래에 있는 A 고무밴드 2개를 당겨서 위에 덮어씌웁니다.

☆엮을 때 주의할 점
고무밴드가 핀에서 빠지지 않도록 X자 모양의 가운데 부근을 후크 끝으로 눌러 두면 이어서 엮기가 편해집니다.

Tip

① X자 모양으로 된 4개의 핀에 각각
같은 색 고무밴드 1개를 겁니다.

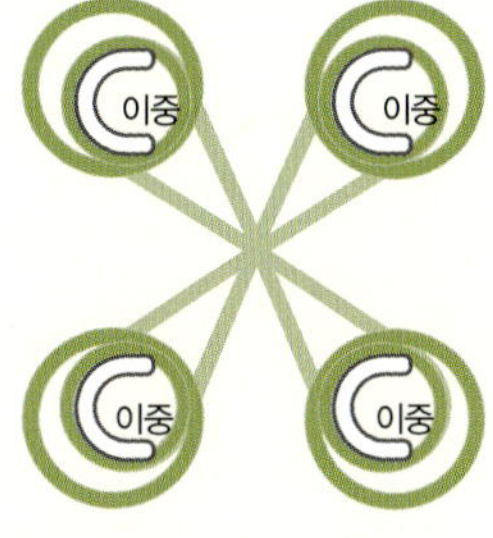

② 4개의 핀 각각에 고무밴드 1개
를 이중으로 만들어 겁니다.

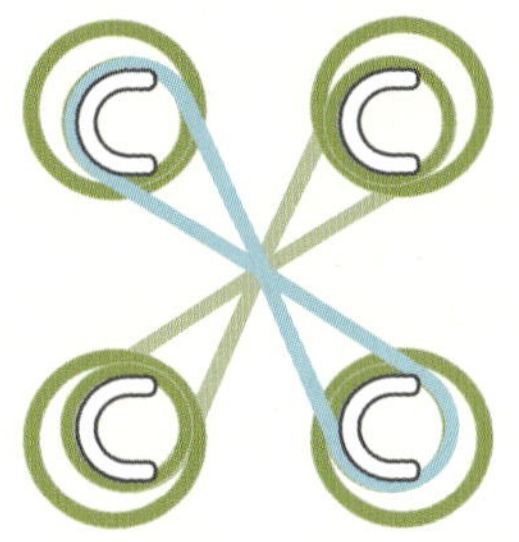

③ 왼쪽 위 핀과 오른쪽 아래 핀에
다음 꽃 색상의 고무밴드 1개를
꼬아서 겁니다.

④ 왼쪽 아래 핀과 오른쪽 위 핀에
다음 꽃 색상의 고무밴드 1개를
꼬아서 겁니다.

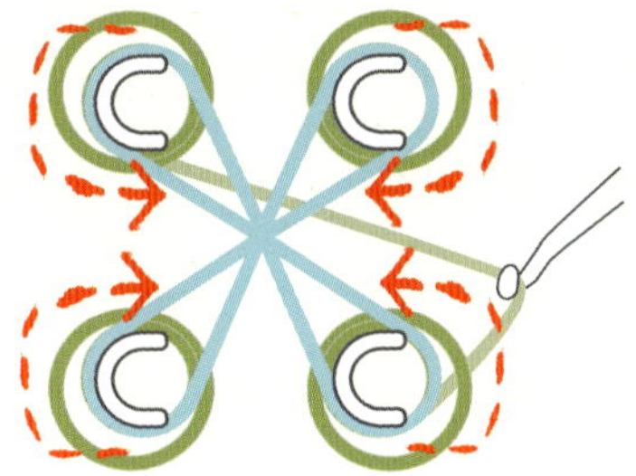

⑤ 4개의 핀 각각에 제일 밑에 걸린
고무밴드 1개를 바깥에서 당겨
서 핀에서 빼내고, 위에 덮어씌
웁니다.

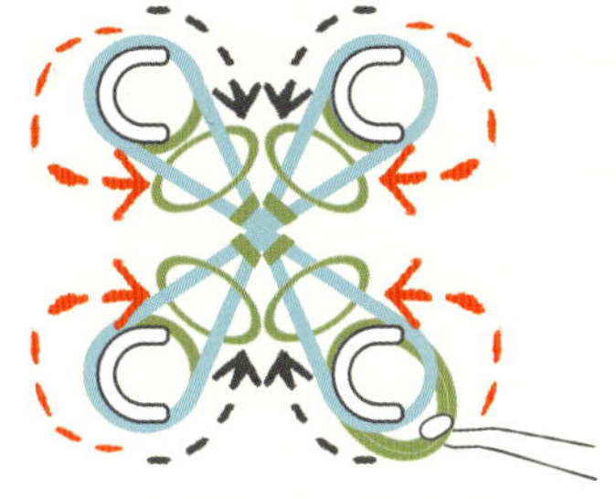

⑥ ①의 고무밴드도 핀에서 빼서
위에 덮어씌웁니다. 다음으로 4
개의 핀 각각에 맨 아래의 고무
밴드 2개를 바깥에서 당겨 핀에
서 빼낸 뒤, 위에 덮어씌웁니다.

☆ 2~6번째 꽃까지 고무밴드 색상을 바꿔 가면서 반복합니다.

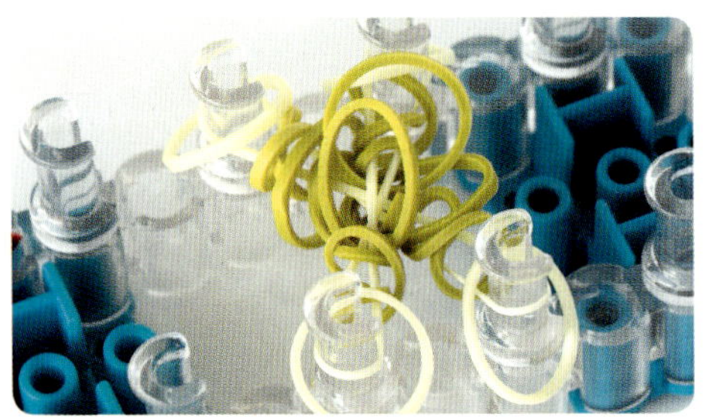

15 【고무밴드를 거는 순서와 엮는 순서】를 참고하여 고무밴드의 색을 적절히 바꿔 가며 6번째 꽃까지 엮습니다.

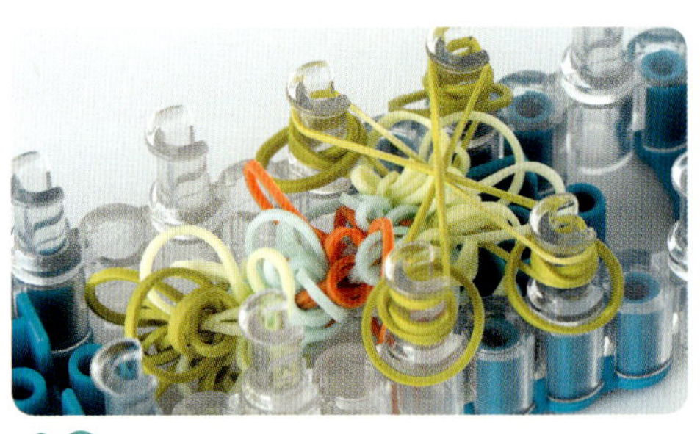

16 계속해서 7번째 꽃을 걸어【고무밴드를 거는 순서와 엮는 순서】의 ②까지 마쳤다면, A 고무밴드 1개씩을 꼬아서 ③, ④처럼 겁니다.

17 계속해서【고무밴드를 거는 순서와 엮는 순서】의 ⑤, ⑥과 같은 방법으로 7번째 꽃도 엮습니다.

18 사진처럼 되었는지 확인합니다. 4군데 핀에는 X자 모양이 된 A 고무밴드가 걸려 있습니다.

19 오른쪽 아래 핀의 A 고무밴드 1개를 당겨서 왼쪽 아래 핀에 겁니다.

20 오른쪽 위 핀의 A 고무밴드 1개를 당겨서 왼쪽 위 핀에 겁니다.

21 핀 2개에 남은 고리를 전부 후크에 겁니다.

22 떠낸 고리가 빠지지 않도록 후크 축에 단단히 겁니다.

23 A 고무밴드 1개를 후크 끝에 걸어서 후크에 걸린 4개의 고리 가운데에 통과시킵니다. 통과시킨 고무밴드 한쪽 끝을 다른 한쪽 끝 고리에 통과시켜 매듭짓습니다(자세한 방법은 54쪽으로).

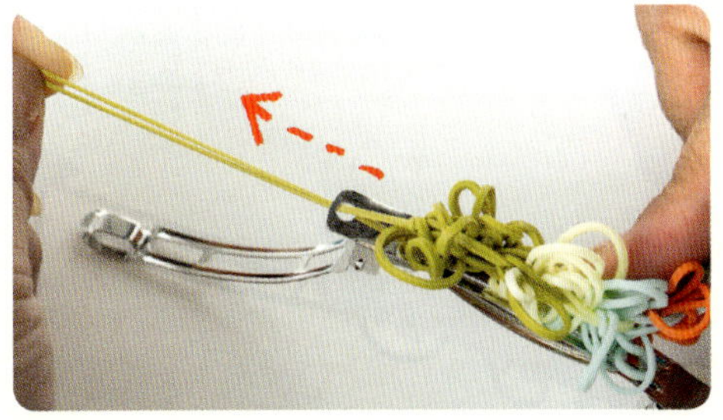

24 매듭지어 묶은 A 고무밴드를 핀대의 한쪽 구멍으로 빼냅니다.

25 빼낸 고리에 앞서 만든 머리핀을 감아서 핀대에 고정합니다.

26 머리핀 반대쪽에 있는 A 고무밴드를 핀대의 다른 한쪽 구멍으로 빼냅니다. 빼낸 고리를 머리핀 핀대에 걸어서 감아 고정시킵니다.

27 뒤에서 보면 이렇게 됩니다.

28 고무밴드의 모양을 정돈해 핀대를 숨기면 완성입니다.

리본 스트라이프 헤어밴드

하늘색과 핑크 스트라이프가 깜찍한 헤어
밴드. 어울리는 색으로 리본도 만듭니다♪
착용감도 GOOD!

도구
몬스터 테일

재료
- A색: 터키옥색 90
- B색: 핑크(파스텔) 14
- C색: 핑크 16
- D색: 화이트 7
- 헤어밴드 테(수예점이나 저가
  생활잡화점 등에서 구입 가능)

1 우선 A 고무밴드 1개를 꼬아서 왼쪽 위와 오른
쪽 아래 핀에 겁니다. 그리고 A 고무밴드 1개를
꼬아서 오른쪽 위 핀과 왼쪽 아래 핀에 겁니다.

2 A 고무밴드 1개를 꼬지 말고 사각형을 만들듯
이 4개의 핀에 겁니다.

3 왼쪽 위 핀 맨 아래에 걸린 A 고무밴드 1개를
바깥쪽에서 후크로 당겨 핀에서 뺀 뒤, 위에 덮
어씌웁니다.

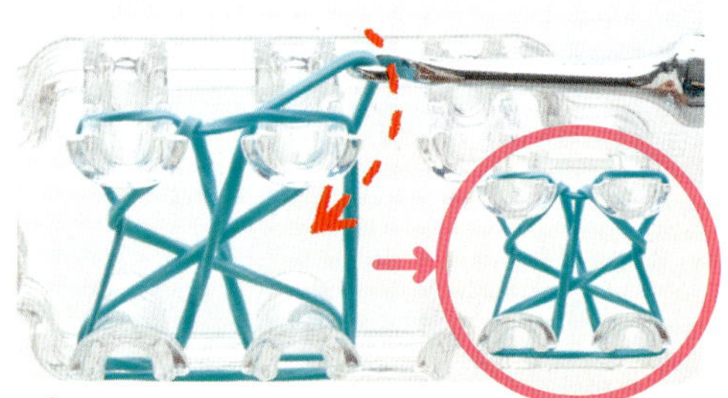

4 오른쪽 위 핀 맨 아래에 걸린 A 고무밴드 1개
를 바깥쪽에서 후크로 당겨 핀에서 뺀 뒤, 위에
덮어씌웁니다.

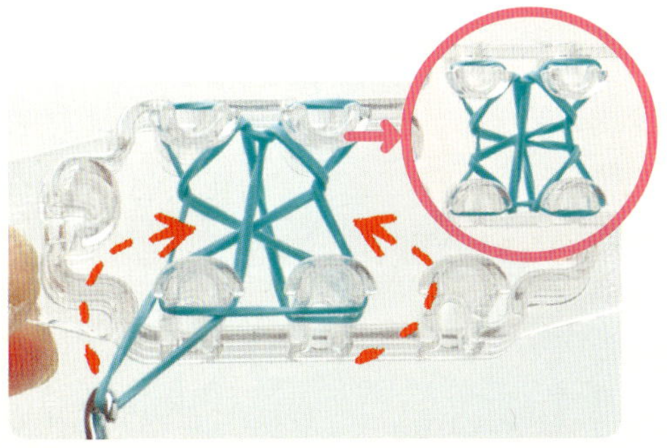
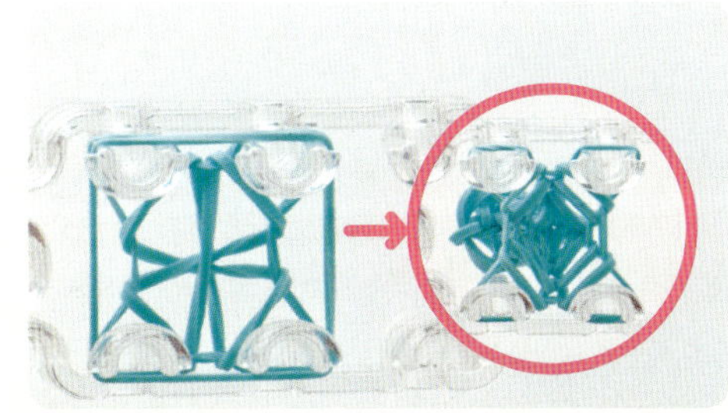

5 왼쪽 아래와 오른쪽 아래도 마찬가지로 핀 맨 아래에 걸린 A 고무밴드 1개를 바깥쪽에서 후 크로 당겨 핀에서 뺀 뒤, 위에 덮어씌웁니다.

6 다음의 A 고무밴드 1개를 꼬지 말고 4개의 핀 에 겁니다. 그리고 3~5번과 같은 순서로 A 고 무밴드 10개를 엮습니다.

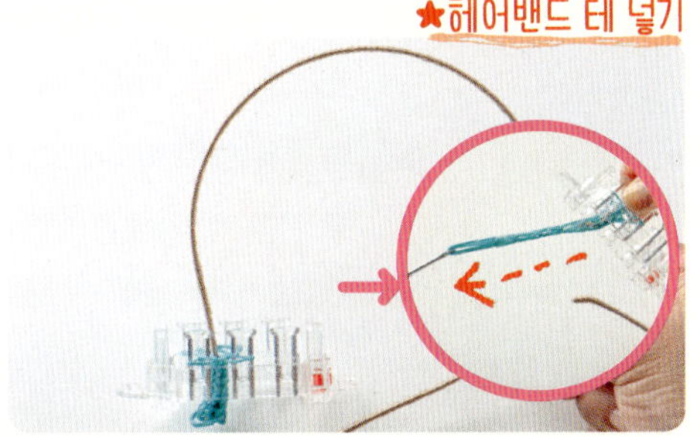

7 엮은 부분의 중심에 헤어밴드의 속이 될 테를 끼웁니다. 끼운 부분은 당겨서 늘여 둡니다.

8 A 고무밴드 25개를 헤어밴드 테에 끼웁니다. 이제부터 헤어밴드 테에 끼운 고무밴드를 사용 해서 같은 방법으로 엮습니다.

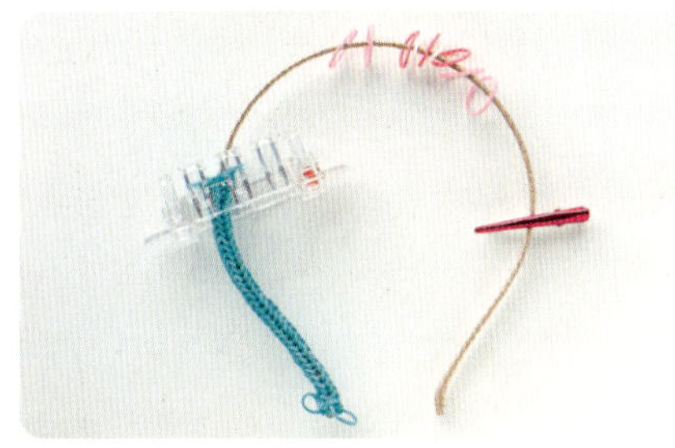

9 다음은 B 고무밴드 2개, C 고무밴드 1개, D 고 무밴드 1개, C 고무밴드 1개, D 고무밴드 1개, C 고무밴드 1개, B 고무밴드 2개 순으로 끼워서 같은 방법으로 엮습니다.

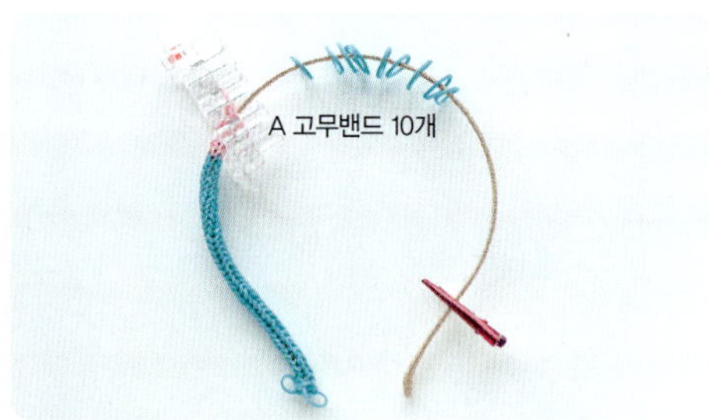

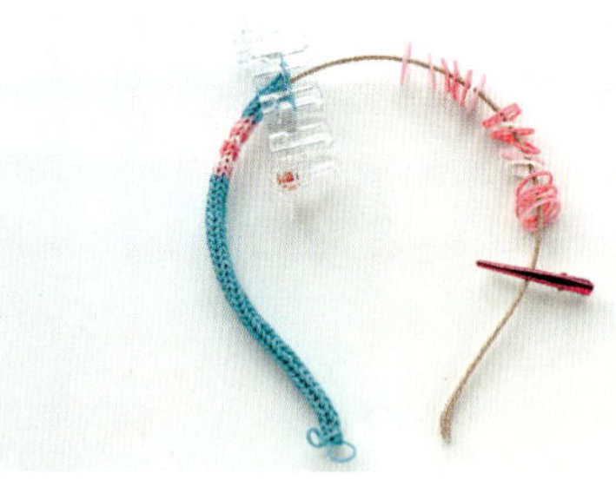

10 다음으로 A 고무밴드 10개를 꿰서 같은 방식으로 엮습니다.

11 다음은 B 고무밴드 2개, C 고무밴드 3개, D 고무밴드 1개, B 고무밴드 1개, C 고무밴드 2개, D 고무밴드 1개, C 고무밴드 2개, B 고무밴드 1개, D 고무밴드 1개, C 고무밴드 3개, B 고무밴드 2개 순으로 끼워서 엮습니다.

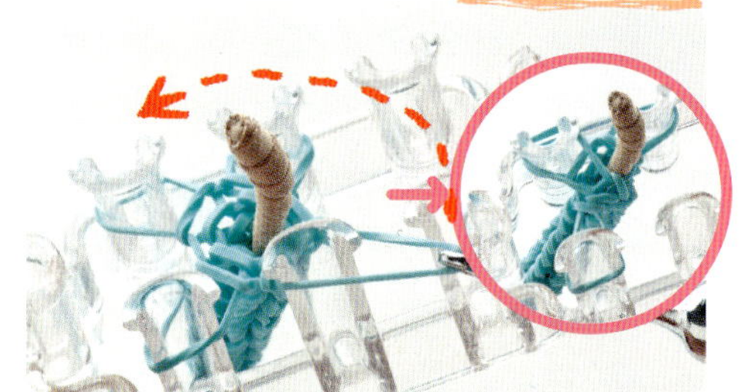

12 다시 한 번 10번과 9번의 순으로 같은 방법으로 고무밴드를 엮고, 마지막에 남은 A 고무밴드 35개를 통과시켜서 끝까지 엮습니다.

13 오른쪽 아래 핀에 걸린 고리를 후크로 당겨서 왼쪽 위 핀에 겁니다.

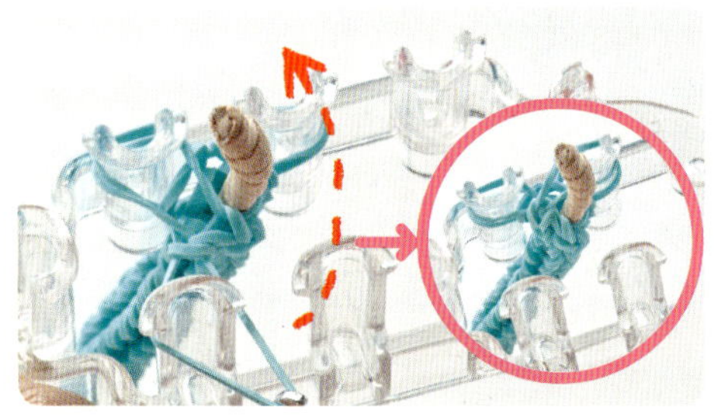

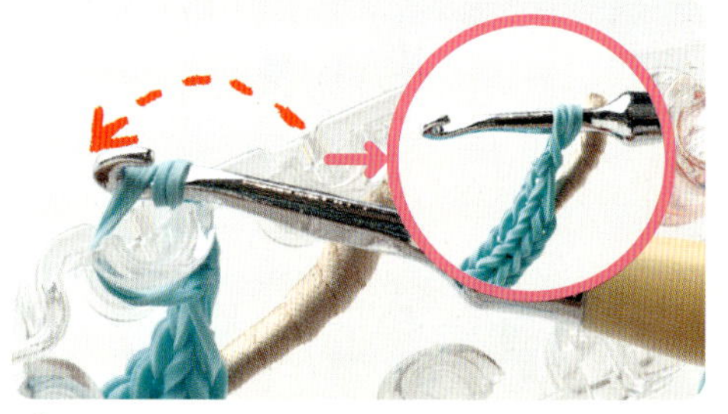

14 왼쪽 아래 핀에 걸린 고리를 후크로 당겨서 오른쪽 위 핀에 겁니다.

15 오른쪽 위 핀에 걸린 고리를 왼쪽 위 핀에 합칩니다. 마지막 핀에 남은 고리를 모두 후크로 당겨서 뺍니다.

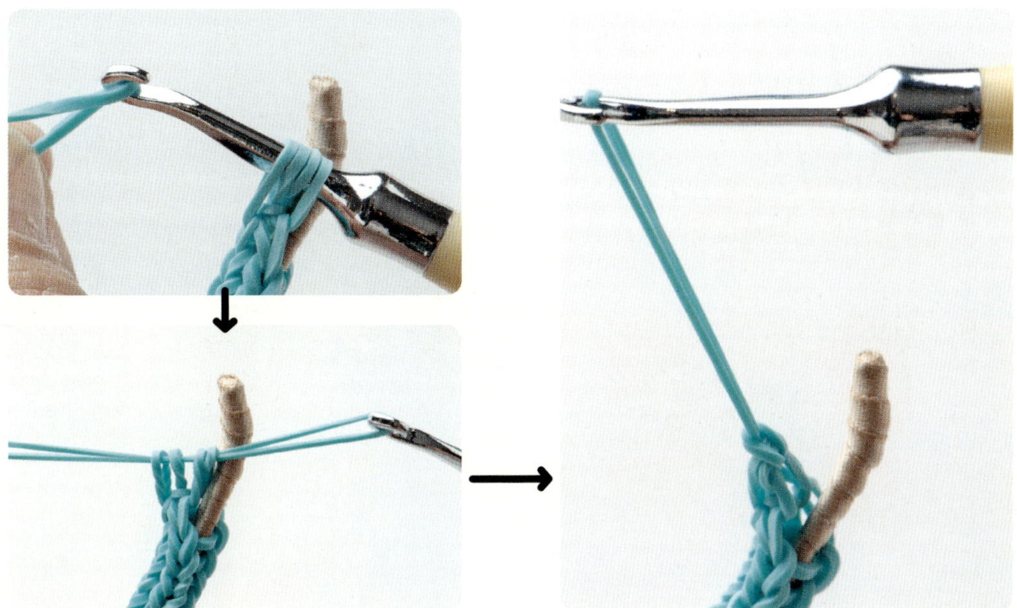

16 A 고무밴드 1개를 후크에 걸린 고리 전체에 통과시키고, 통과시킨 고무밴드의 한쪽 고리를 다른 한쪽 고리
로 빼내서 묶어 줍니다(자세한 방법은 54쪽으로).

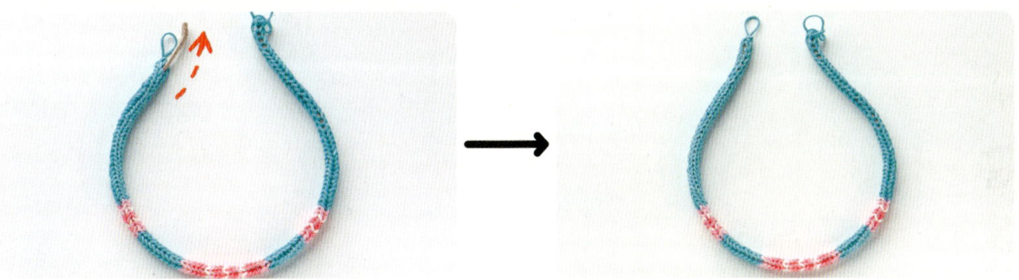

17 엮은 부분을 당겨 고무를 정리하고, 헤어밴드 테가 보이지 않도록 잘 덮습니다.

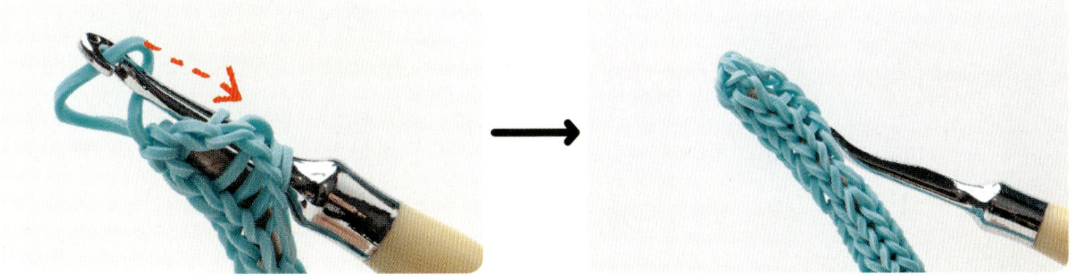

18 엮은 부분에 후크를 끼워 끝에서 튀어나온 고무밴드를 당겨 엮은 부분 안쪽에 숨기듯이 집어넣습니다. 양쪽 끝
을 모두 집어넣으면 완성입니다.

헤어밴드용 리본 만들기

스트라이프 헤어밴드와 잘 어울리는 리본
을 만드는 방법입니다. 리본만 참 장식으
로 활용할 수 있습니다.

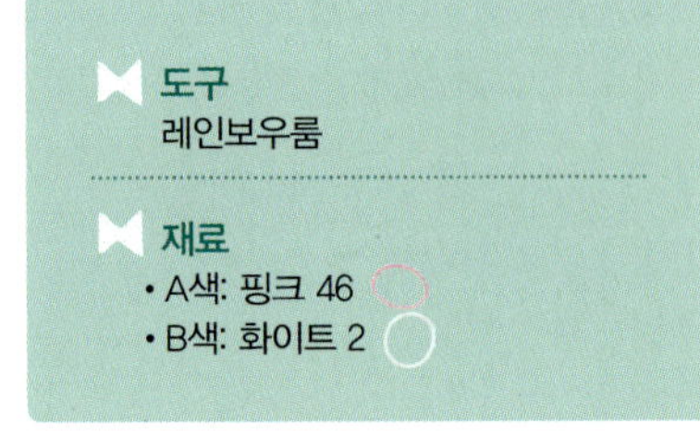

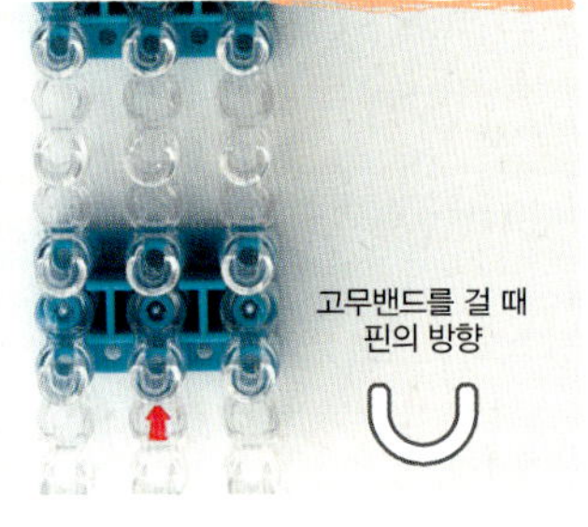

1 레인보우룸은 3줄 모두 사용하며, 핀의 뚫린 부
분이 위를 향하도록 배열해 둡니다.

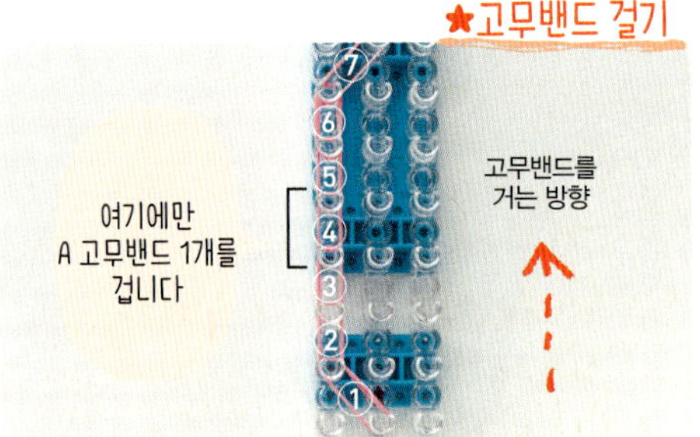

2 오른쪽의 【고무밴드를 거는 순서】를 보면서 왼
쪽 줄에 A 고무밴드를 2개씩 겁니다. ④의 A
고무밴드는 1개이므로 주의합니다!

3 【고무밴드를 거는 순서】를 보면서 오른쪽 줄에 A 고무밴드를 2개씩 겁니다. ⑪의 A 고무밴드는 1개만 겁니다.

4 【고무밴드를 거는 순서】를 보면서 가운뎃줄에 A 고무밴드를 2개씩 겁니다. ⑱의 A 고무밴드는 1개만 겁니다.

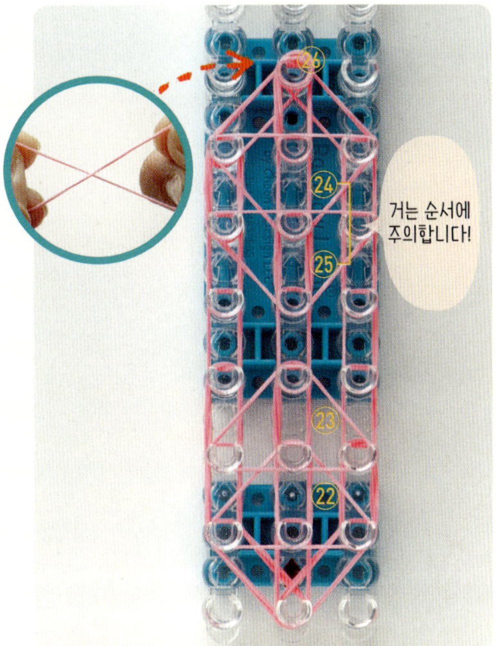

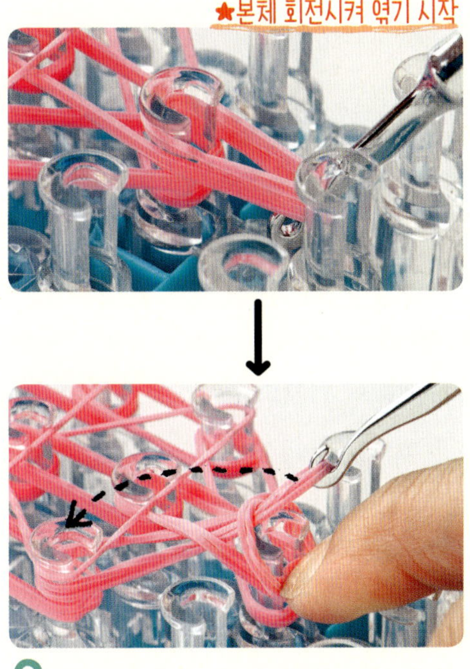

5 ㉒~㉕의 4곳에 A 고무밴드 1개씩을 삼각형을 만드는 순서대로 겁니다. 마지막으로 A 고무밴드 1개를 이중으로 만들어 가운뎃줄 제일 끝 핀에 겁니다.

6 룸 본체를 180° 회전시켜 둡니다. 가운뎃줄 맨 앞의 핀 위에 걸린 A 고무밴드 4개의 안쪽으로 후크를 끼워 넣습니다. 그 아래에 걸린 2개의 고무밴드를 걸어 당겨 핀에서 빼서 왼쪽 위 핀에 겁니다.

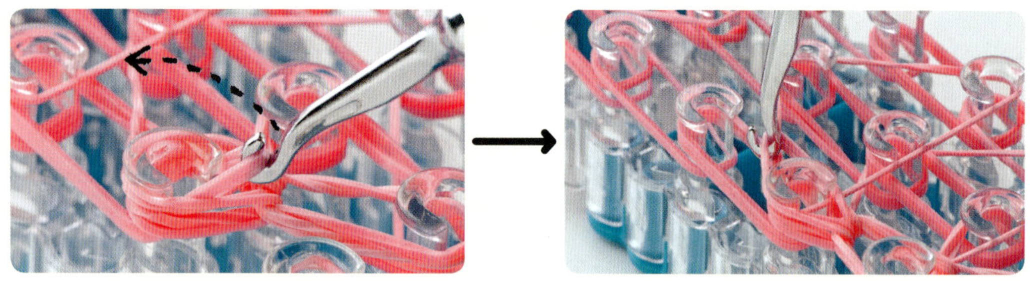

7 왼쪽 줄 앞에서 2번째 핀 위에 걸린 A 고무밴드 5개의 안쪽으로 후크를 끼우고, 그 아래에 있는 2개의 고무밴드를 건 채로 당겨 핀에서 빼서 그 위 핀에 겁니다.

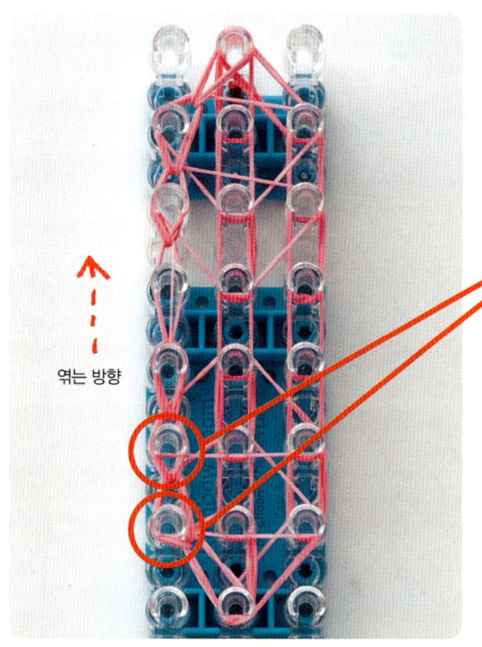

8 같은 방식으로 왼쪽 줄을 가운뎃줄 끝까지 엮습니다.

☆ 틀리기 쉬운 포인트

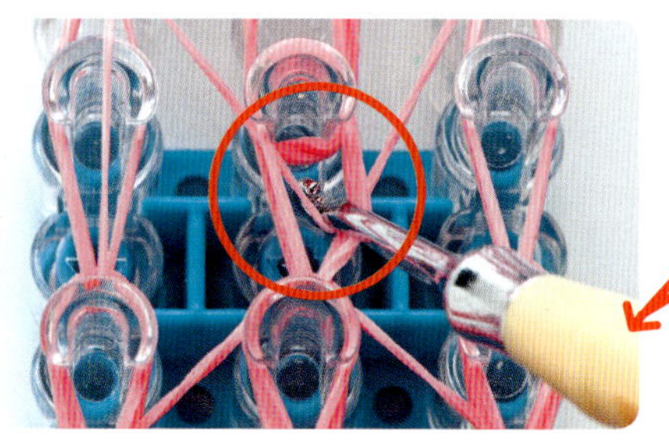

삼각형 꼭대기에 걸린 부분도 삼각형 안쪽에 후크를 끼워서 엮습니다.

☆ 틀리기 쉬운 포인트

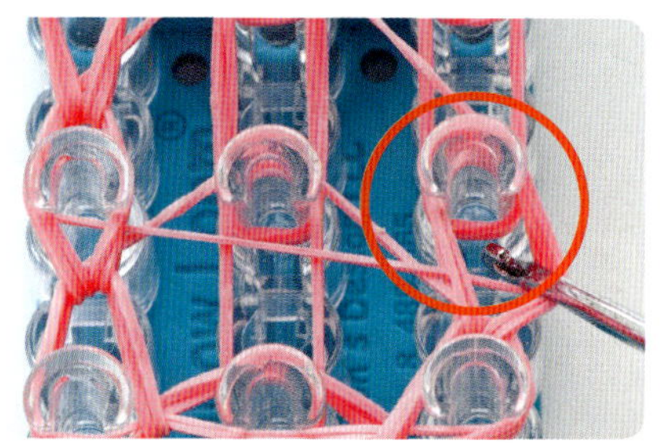

어느 줄이나 삼각형에 걸리는 부분은 삼각형 안쪽에 후크를 끼워 넣어서 엮습니다.

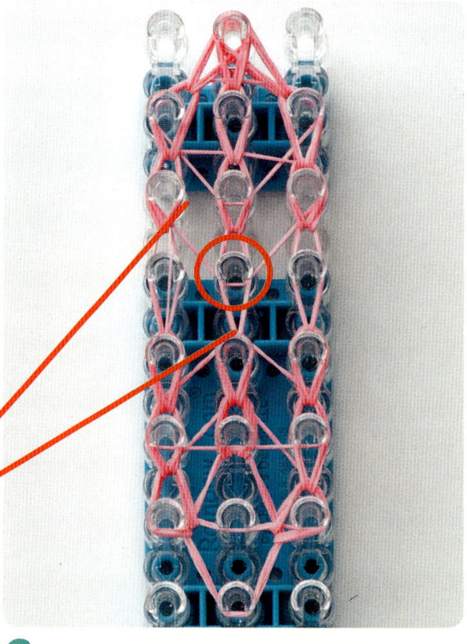

9 같은 방식으로 오른쪽 줄, 가운뎃줄 순으로 엮습니다. 가운뎃줄은 밑에서 2번째 핀부터 엮습니다.

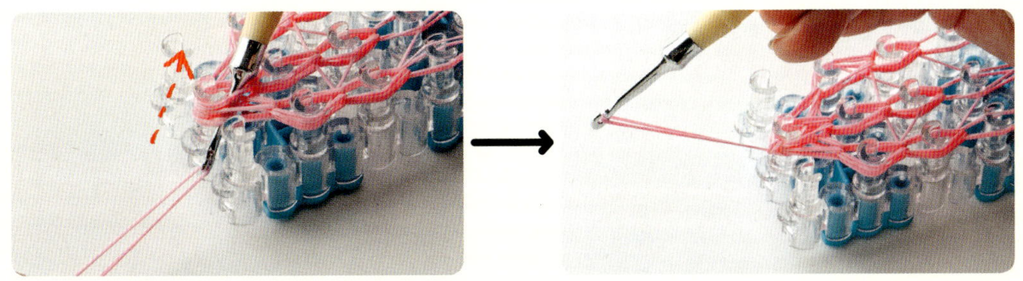

10 가운뎃줄 제일 위의 핀에 걸린 모든 고무밴드 안쪽으로 후크를 끼워서 A 고무밴드 1개를 통과시켜 묶어 하나로 정리합니다(묶는 방법은 54쪽으로).

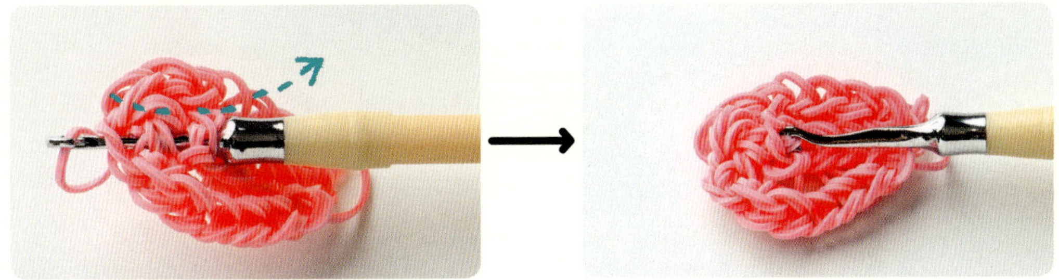

11 전체를 핀에서 빼면 리본 가운데에 후크를 끼우고, 끝에는 튀어나온 고무밴드를 당겨 빼서 안쪽으로 숨깁니다. 다른 한쪽 끝도 같은 방식으로 튀어나온 고무밴드를 숨깁니다.

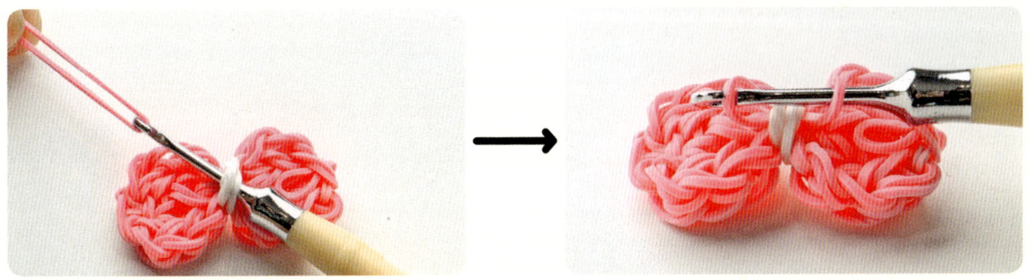

12 B 고무밴드 2개를 가운데 부분에 2회 감아서 정중앙 부분을 꽉 조입니다. 거기에 A 고무밴드 1개를 꿰니다. A의 양 끝의 축을 헤어밴드에 꿰면 완성입니다.

반짝반짝 스타버스트
🌲 Twinkling STARBURST

무지개색으로 빛나는 별의 반짝임을 표현
한 인기 만점 디자인! 스타버스트 팔찌를
만들어 보겠습니다.

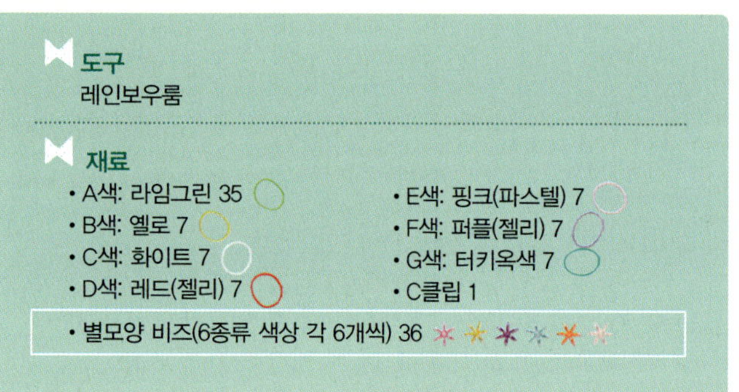

▷◁ 도구
레인보우룸

▷◁ 재료
- A색: 라임그린 35
- B색: 옐로 7
- C색: 화이트 7
- D색: 레드(젤리) 7
- E색: 핑크(파스텔) 7
- F색: 퍼플(젤리) 7
- G색: 터키옥색 7
- C클립 1

- 별모양 비즈(6종류 색상 각 6개씩) 36 ✳ ✳ ✳ ✳ ✳ ✳

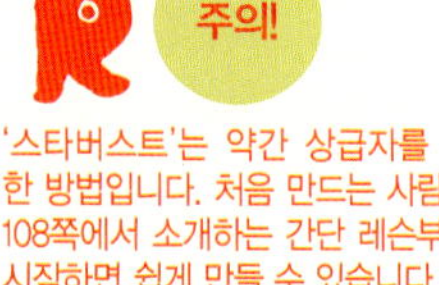

주의!

'스타버스트'는 약간 상급자를 위
한 방법입니다. 처음 만드는 사람은
108쪽에서 소개하는 간단 레슨부터
시작하면 쉽게 만들 수 있습니다.

※ '반짝반짝 스타버스트'는 B~G
고무밴드에 비즈를 꿰어서 엮습니
다. 책에서는 한눈에 알아보기 쉽게
비즈를 넣지 않는 '기본 엮기'를 설
명합니다. 비즈 넣는 방법은 107쪽
을 참조하세요.

★ 고무밴드 걸기

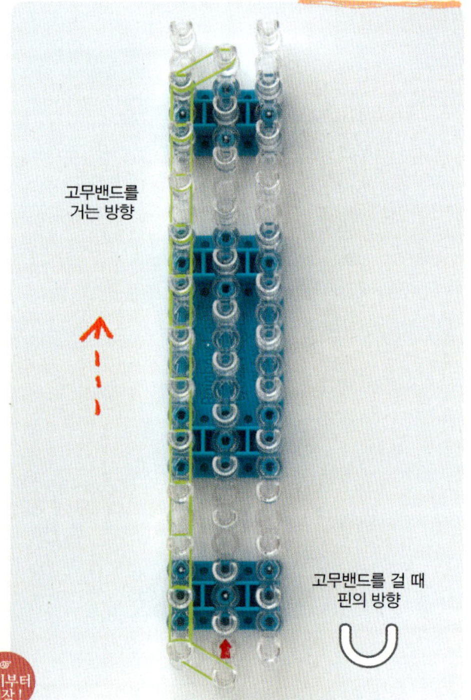

1 룸 본체는 핀이 뚫린 부분이 위를 향하도록
배치합니다. 102쪽의 【고무밴드를 거는 순서】
에 따라 왼쪽 줄에 A 고무밴드 1개씩을 겁니다.

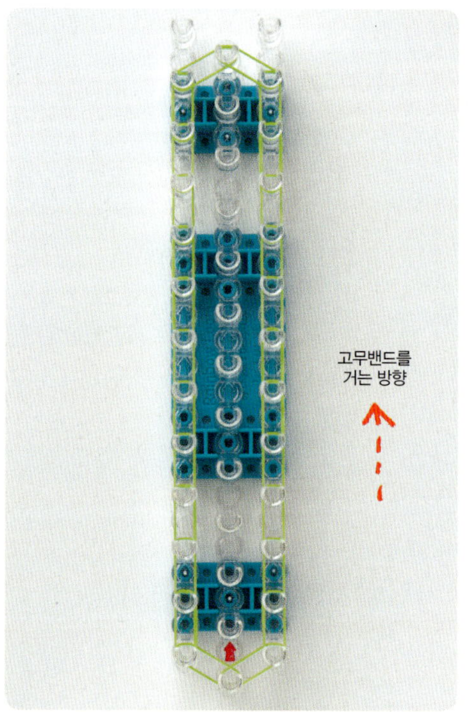

2 【고무밴드를 거는 순서】에 맞게, 이번에는
오른쪽 줄에 A 고무밴드를 1개씩 겁니다.

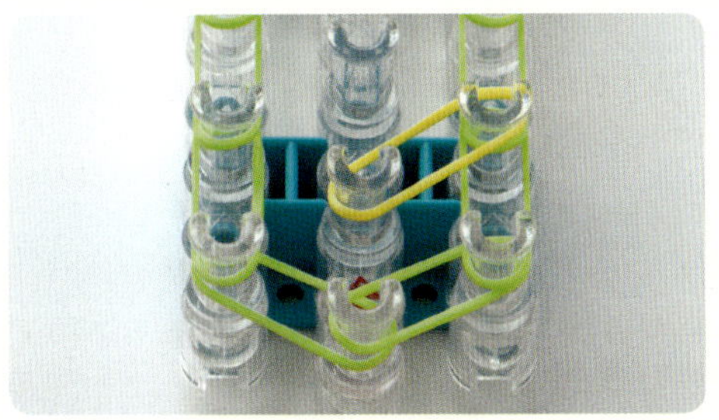

3 1번째 별 모양부터 시작합니다. 가운뎃줄 맨 앞에서 2번째 핀부터 오른쪽 위로, B 고무밴드 1개를 겁니다.

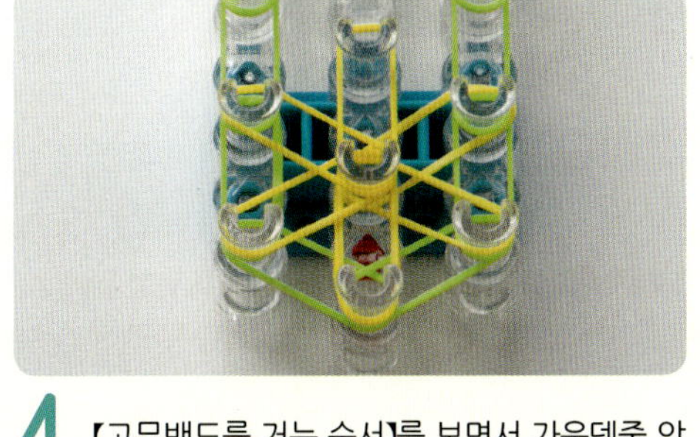

4 【고무밴드를 거는 순서】를 보면서 가운뎃줄 앞에서부터 2번째 핀을 중심으로 시계 방향으로 B 고무밴드 1개씩을 겁니다.

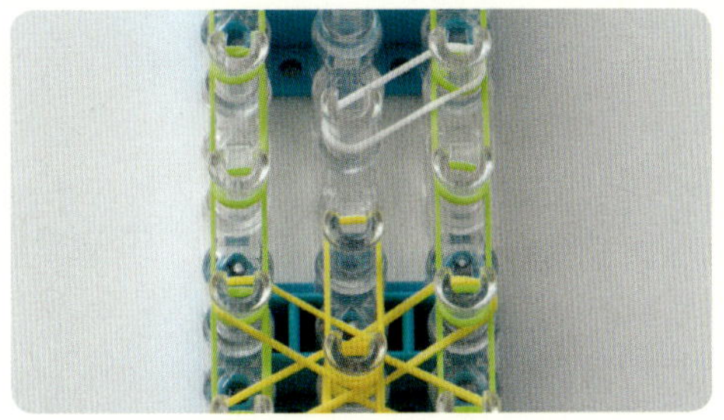

5 2번째 별 모양입니다. 가운뎃줄 앞에서 4번째 핀에서부터 오른쪽 위에 C 고무밴드 1개를 겁니다.

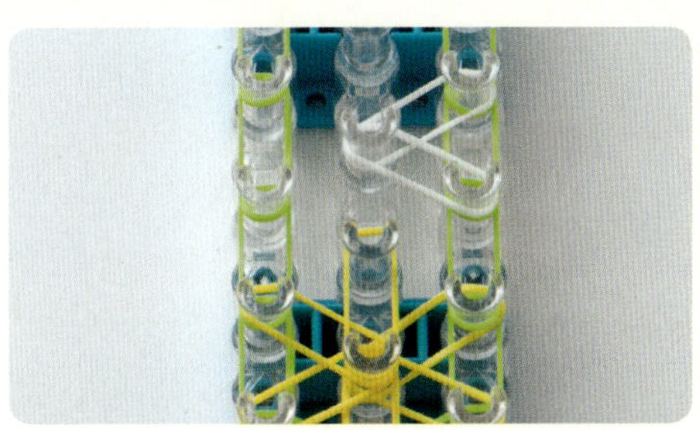

6 1번째와 마찬가지로 가운뎃줄 앞에서 4번째 핀을 중심으로, C 고무밴드를 시계 방향으로 1개씩 겁니다.

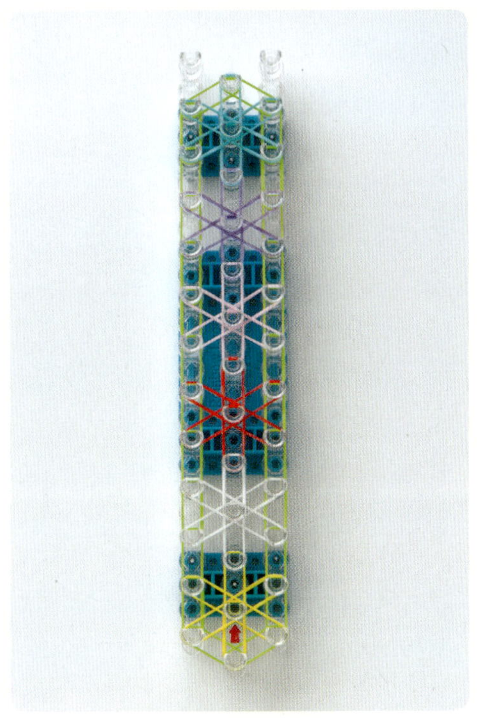

7 【고무밴드를 거는 순서】를 보면서 같은 방식으로 별 모양을 전부 걸면 사진처럼 됩니다.

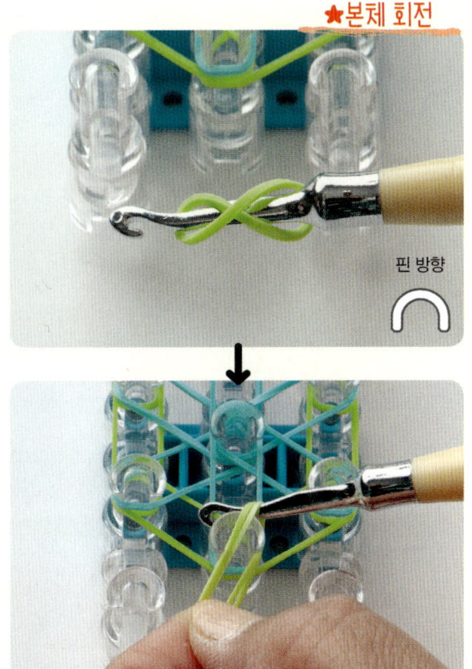

8 룸 본체를 180° 회전시킵니다. A 고무밴드 1개를 이중으로 만들어 후크에 감아서 맨 앞의 핀에 덮어씌웁니다.

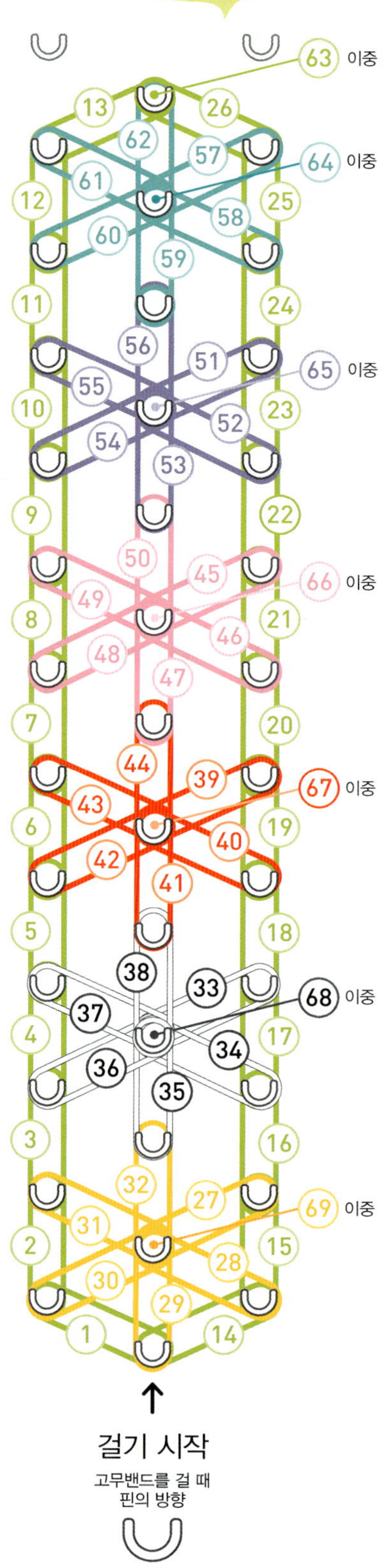

9 마찬가지로 B~G 고무밴드 1개씩을 이중으로 만들어 각 색상의 별 모양 중심 부분의 핀에 덮어씌웁니다.

A색: 옐로　　B색: 네이비 블루
C색: 화이트　D색: 레드(젤리)

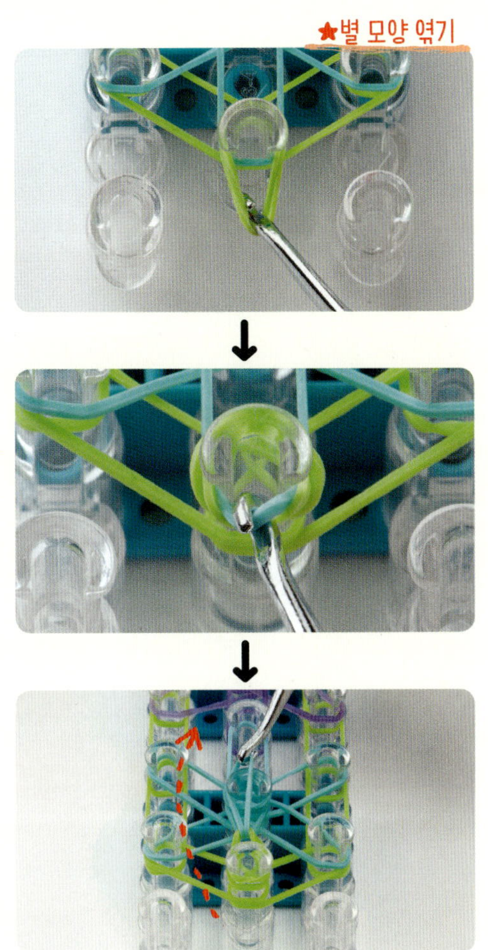

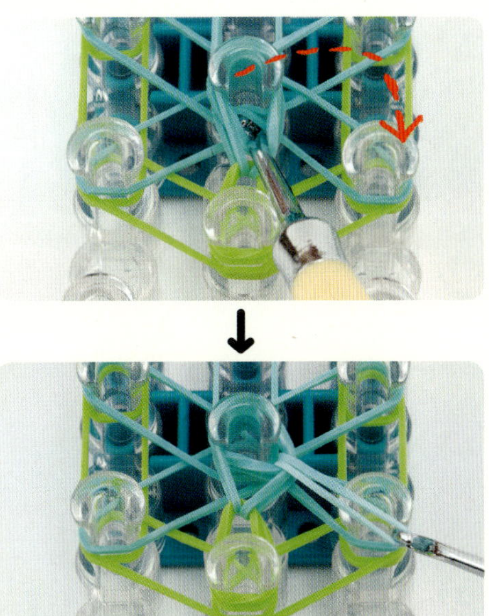

10 맨 앞의 핀 위에 걸린 A 고무밴드 안쪽에 후크를 끼워 넣습니다. 그 밑에 걸린 G 고무밴드 1개를 안쪽에서 당겨 별 모양의 중심 핀에 겁니다.

11 다음으로 별 모양의 중심(가운뎃줄 밑에서 2번째 핀)에 후크를 끼웁니다. 오른쪽 아래를 향해 걸린 G 고무밴드 1개를 핀에 걸린 고무밴드 안쪽에서 당겨 오른쪽 아래 핀에 겁니다.

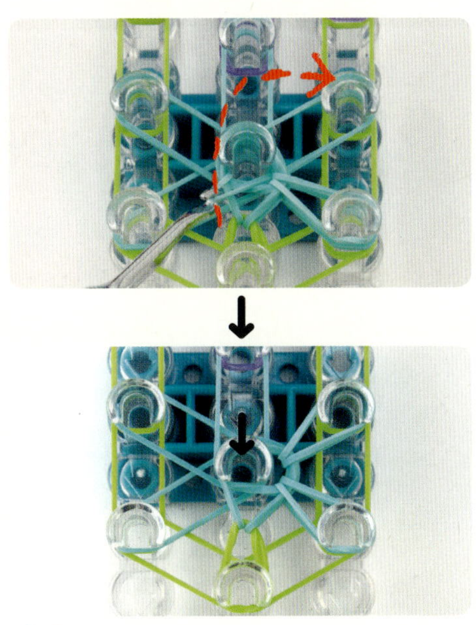

12 별 모양 안쪽에 다시 후크를 끼웁니다. 오른쪽 위에 걸린 G 고무밴드 1개를 안쪽에서 당겨서 오른쪽 위 핀에 겁니다. 계속해서 왼쪽의 【엮는 순서】를 보면서 반시계 방향으로 엮습니다.

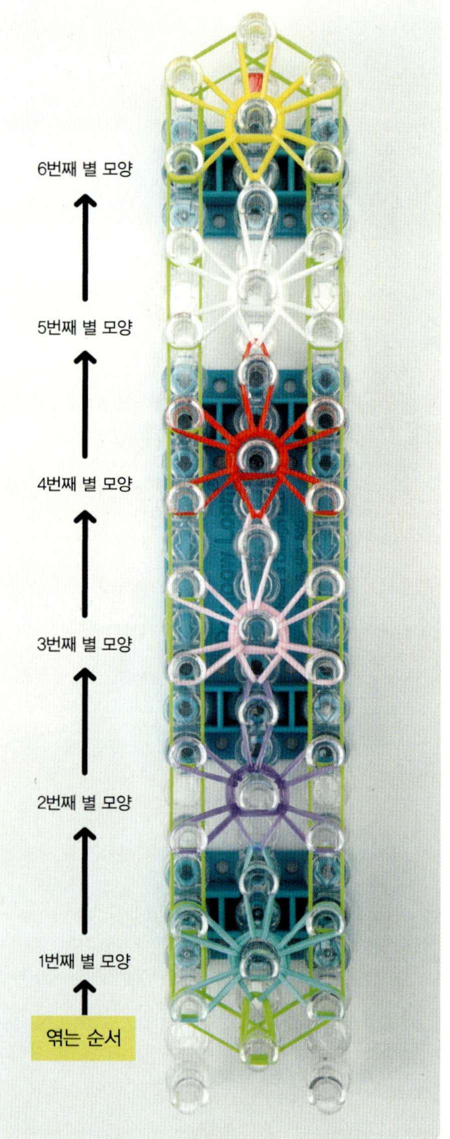

13 1번째 별 모양을 끝냈다면, 그 위의 별 모양을 엮습니다. 앞에서부터 순서대로 별 모양 부분을 전부 엮습니다(다 엮으면 사진과 같습니다).

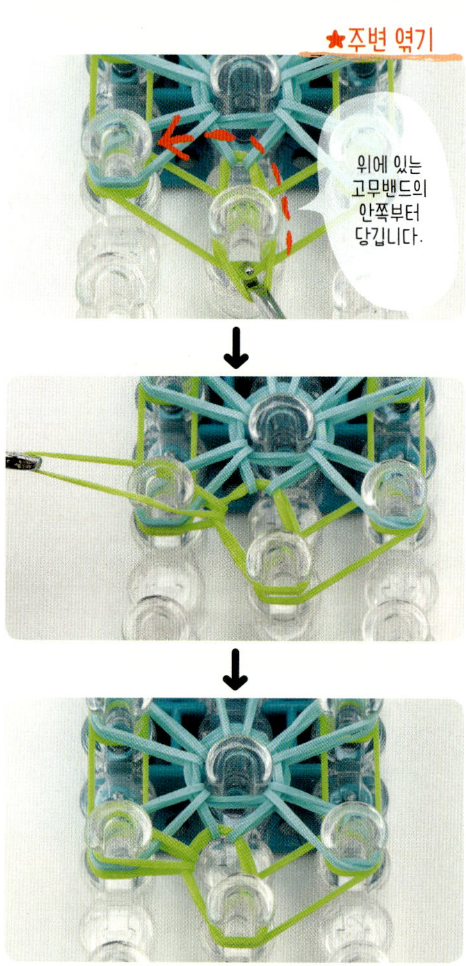

14 별 모양을 전부 다 엮었다면, 가운뎃줄 맨 앞 핀의 A 고무밴드 안으로 후크를 끼웁니다. 왼쪽 위 핀 쪽으로 걸린 A 고무밴드 1개를 안쪽에서 당겨내서 왼쪽 위 핀에 겁니다.

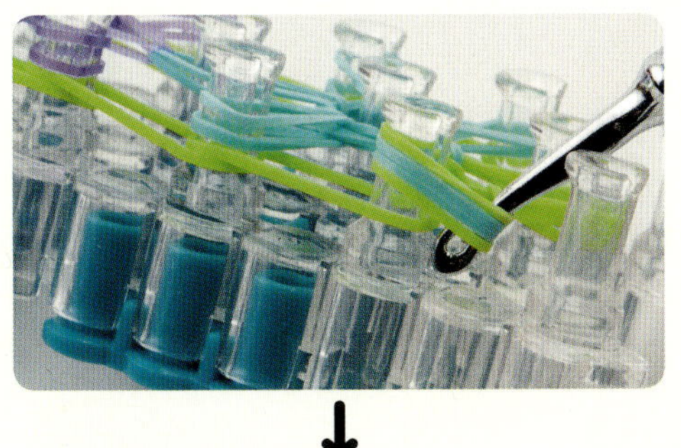

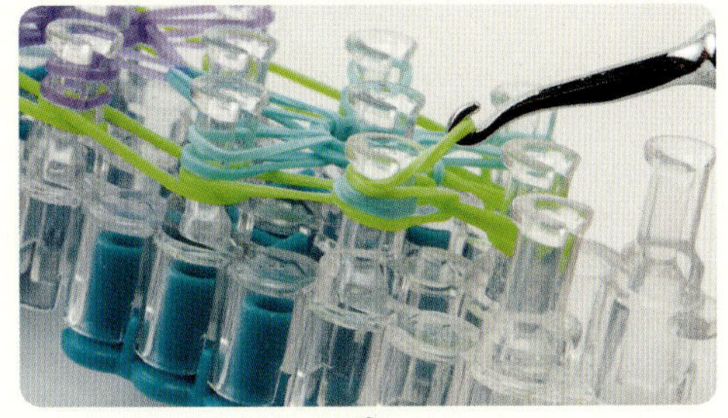

15 다음은 조금 힘이 필요한데, 왼쪽 줄 앞에서부터 2번째 핀에 걸린 4개의 고무밴드에 후크를 끼웁니다. 제일 아래에 걸린 A 고무밴드 1개를 안쪽에서 당겨 바로 위 핀에 겁니다. 같은 방식으로 이를 왼쪽 줄 끝까지 반복합니다.

16 계속해서 오른쪽 줄도 같은 방법으로 앞에서 뒤로 엮습니다. 끝까지 다 엮으면 사진처럼 됩니다.

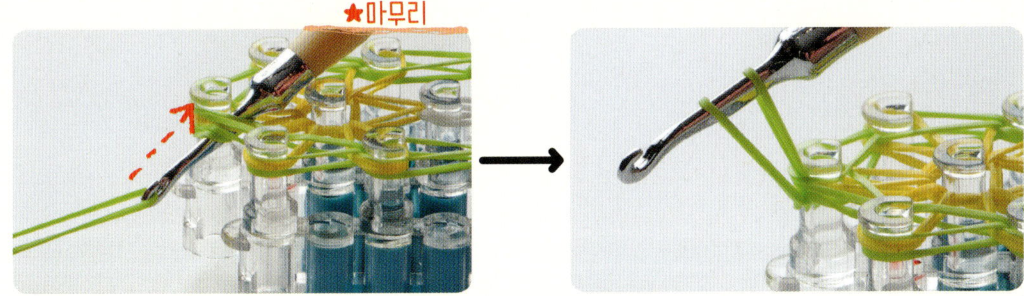

17 가운뎃줄 제일 위의 핀에 걸린 고무밴드 전부에 후크를 끼워서 A 고무밴드 1개를 당깁니다. A 고무밴드를 그대로 빼내서 양 끝을 후크에 겁니다.

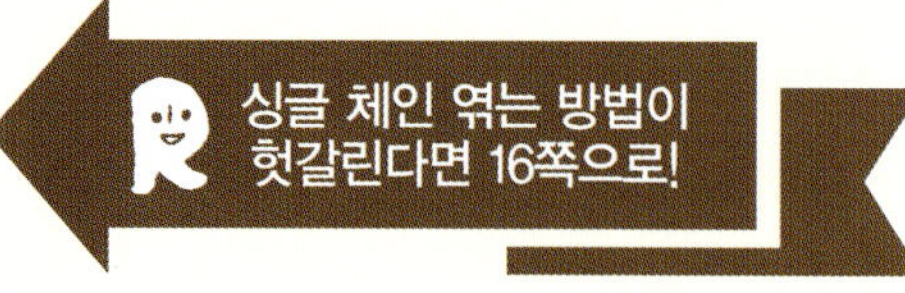

18 지금부터 싱글 체인을 3칸씩 엮습니다.

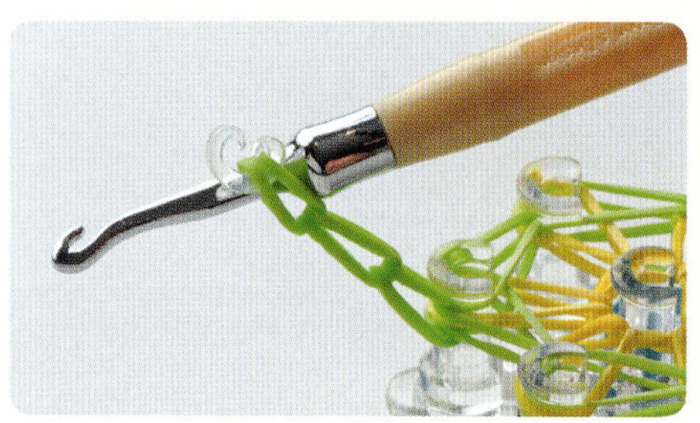

19 다 엮었다면 후크에 걸린 고무밴드 2개씩을
C클립으로 고정합니다.

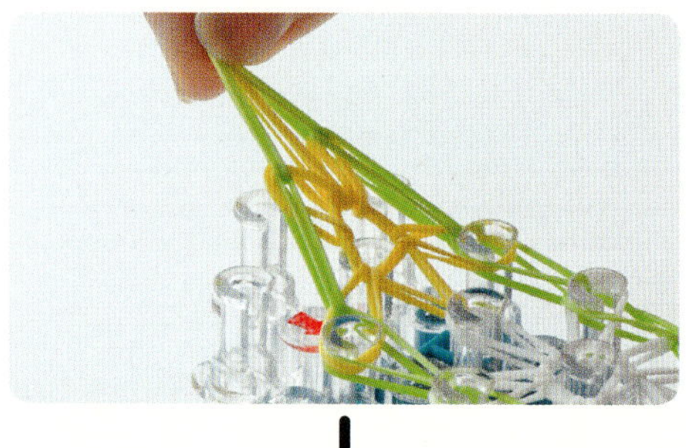

20 제일 끝 부분을 손으로 잡고 전체를 핀에서
빼냅니다. 신중하게 빼도록 합니다. 전부
빠졌다면 팔찌 반대편에 생긴 고리를 후크에 꿰ㅂ니다.

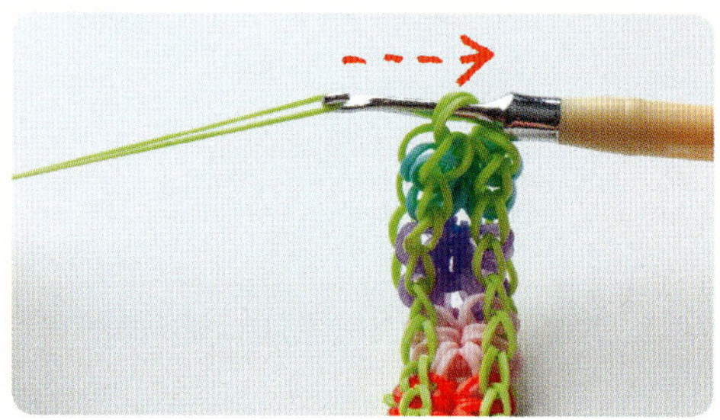

21 A 고무밴드를 후크에 걸어서 A 고무밴드
1개를 끼웁니다.

22 앞서 끼운 A 고무밴드 양 끝을 후크에 걸어서
18번과 같이 싱글 체인을 3칸씩 엮습니다.

23 다 엮은 싱글 체인의 마지막 고리를 반대쪽
끝의 C클립으로 고정하면 완성입니다.

# 반짝반짝 스타버스트 만드는 법

〈**반짝반짝 스타버스트**〉는 B~G 고무밴드 6개에 미리 비즈를 꿴 후, 그 비즈가 달린 고무밴드를 사용해서 만듭니다. 엮는 방법은 100쪽에서 설명한 〈**기본 엮기**〉와 똑같습니다. 비즈를 꿰면 고무밴드가 빠지기 쉬우므로 단단히 손가락으로 눌러가며 엮읍시다.

▲ B~G 고무밴드 6개에 미리 비즈를 꿰어 둡니다(비즈 꿰는 법은 85쪽으로).

▲ 비즈를 꿴 B~G 고무밴드를 사용해서 스타버스트를 엮습니다.

🌿 스타버스트 엮기 간단 레슨

〈반짝반짝 스타버스트〉의 별 모양 부분을 하나만 만들어서 별 모양 참 장식을 만듭니다. 여기서 미리 연습해 두면 100쪽부터 나오는 팔찌를 더욱 쉽게 만들 수 있습니다. 그리고 여기에서는 알기 쉽게 고무밴드 색을 1개씩 바꿔가며 설명합니다.

▶ 도구	▶ 재료
레인보우룸	• 라임그린 7 • 화이트 2 • 옐로, 오렌지, 레드, 핑크, 퍼플, 터키옥색 각 1

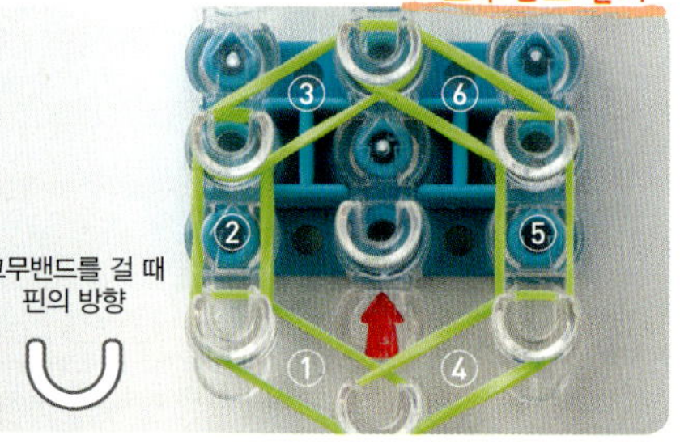

1 룸 본체는 핀의 뚫린 부분이 위를 향하도록 배치합니다. 번호 순서대로 초록색 고무밴드를 1개씩 겁니다.

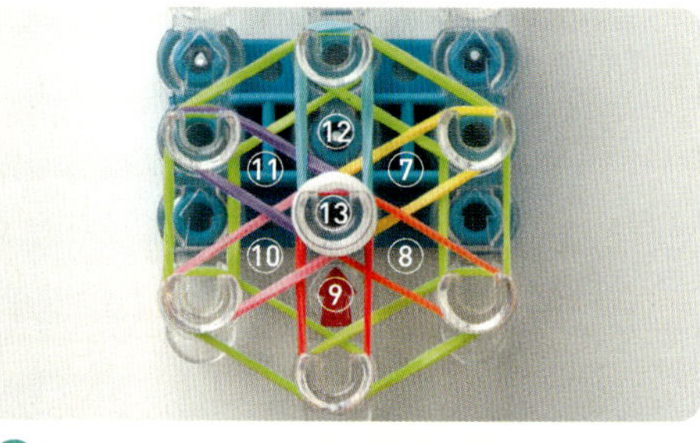

2 옐로·오렌지·레드·핑크·퍼플·터키옥색 고무밴드 1개씩을 번호 순서대로 2시 위치에서 시계 방향으로 걸고, 화이트 고무밴드 1개를 이중으로 만들어 가운데 핀에 덮어씌웁니다.

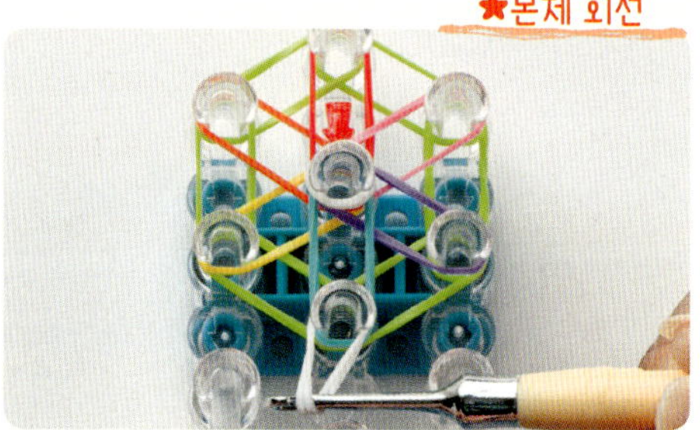

3 룸 본체를 180° 회전시킵니다. 이제부터 【엮는 순서1】을 보면서 반시계 방향으로 엮습니다.

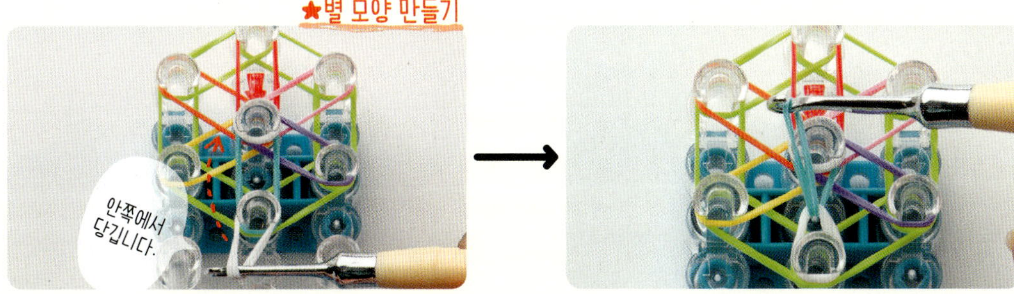

4 맨 앞의 핀에 걸린 화이트 고무밴드 2개의 안쪽에 후크를 끼웁니다. 그 아래에 걸린 터키옥색 고무밴드를 화이트 고무밴드 안쪽으로 당겨 핀에서 빼고, 바로 위 별 모양의 가운데 핀에 겁니다.

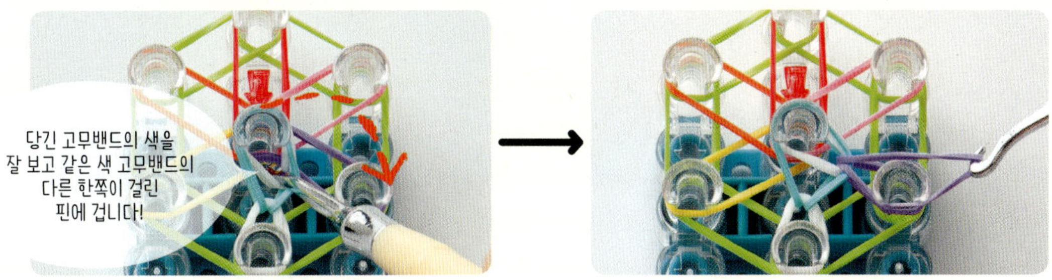

5 별 모양의 가운데 핀에 후크를 끼웁니다. 그 아래에 걸린 퍼플 고무밴드를 터키옥색과 화이트 고무밴드 안쪽에서 당겨 핀에서 빼고, 오른쪽 아래 핀에 겁니다.

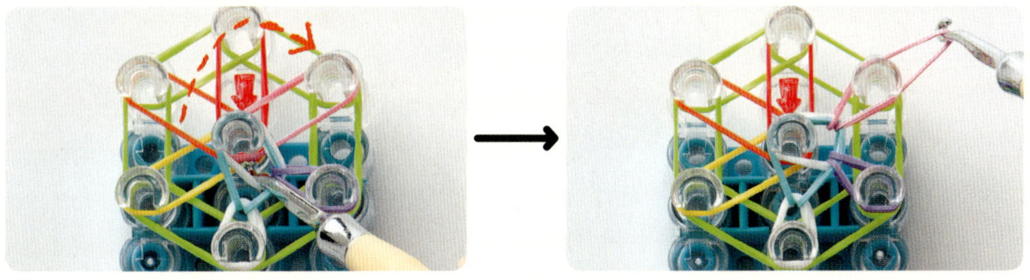

6 별 모양의 가운데 핀에 후크를 끼웁니다. 그 아래에 걸린 핑크 고무밴드를 안쪽에서 당겨 핀에서 빼고, 오른쪽 위 핀에 겁니다.

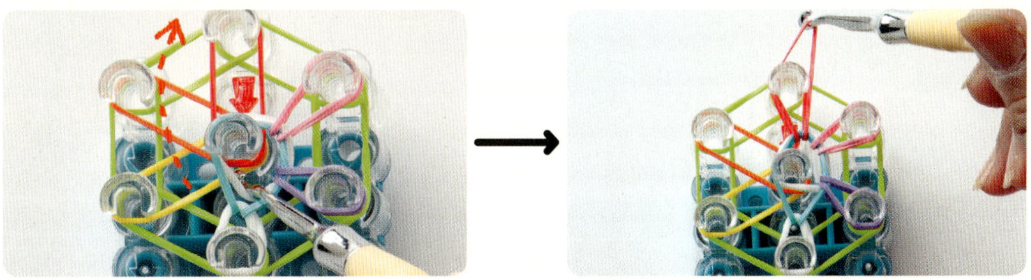

7 별 모양의 가운데 핀에 후크를 끼워 넣어 그 아래에 걸린 레드 고무밴드를 안쪽에서 당깁니다. 후크로 떠낸 레드 고무밴드를 그대로 핀에서 빼서 바로 위 핀에 겁니다.

별 모양 부분을 만들었다면, 만든 다음 모양을 잘 봅시다. 어떤 색 고무밴드라도 다 만든 후에 점선 속의 꽃잎과 같은 모양이라면 OK!

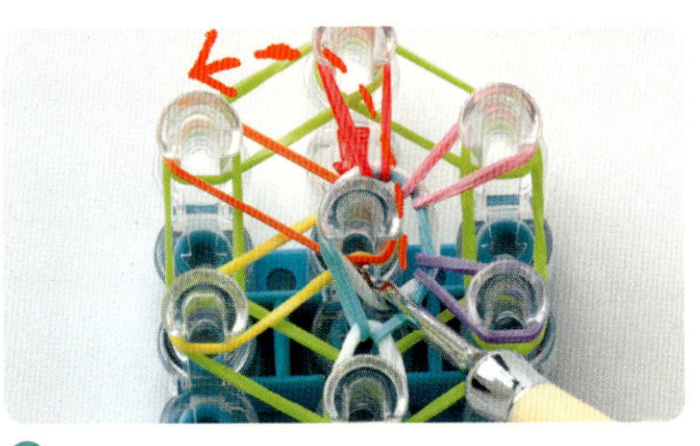 → 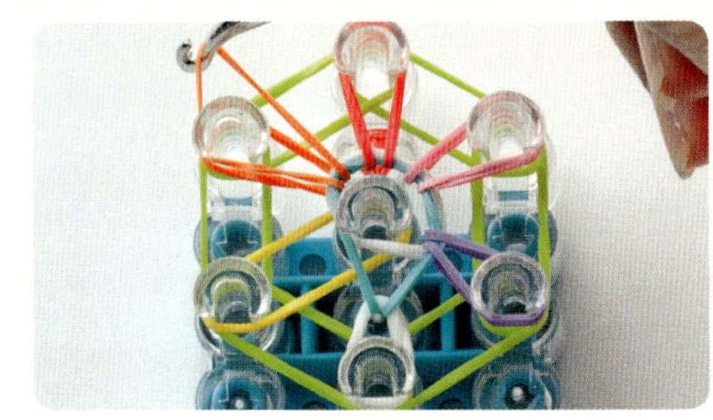

8 별 모양의 가운데 핀에 후크를 끼웁니다. 그 아래에 걸린 오렌지 고무밴드를 안쪽에서 당겨서 핀에서 빼고, 왼쪽 위 핀에 겁니다.

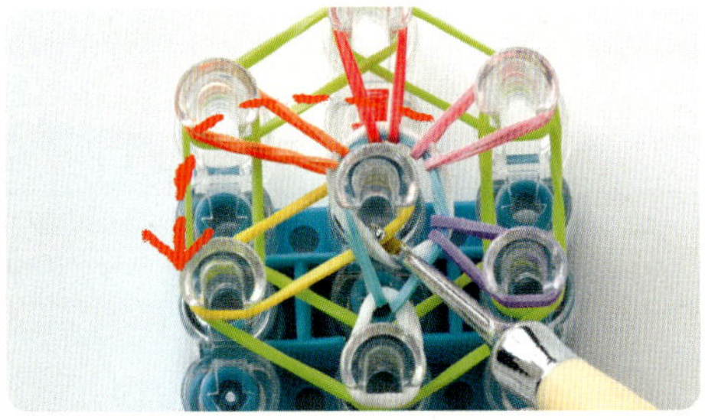 → 

9 별 모양의 가운데 핀에 후크를 끼워서 아래에 있는 옐로 고무밴드를 안쪽에서 당겨서 핀에서 빼고, 왼쪽 아래 핀에 겁니다.

☆포인트
이 과정으로 별 모양 부분을 하나 만들 수 있습니다. 이와 같은 방법을 응용해서 100쪽의 팔찌도 만들 수 있습니다.

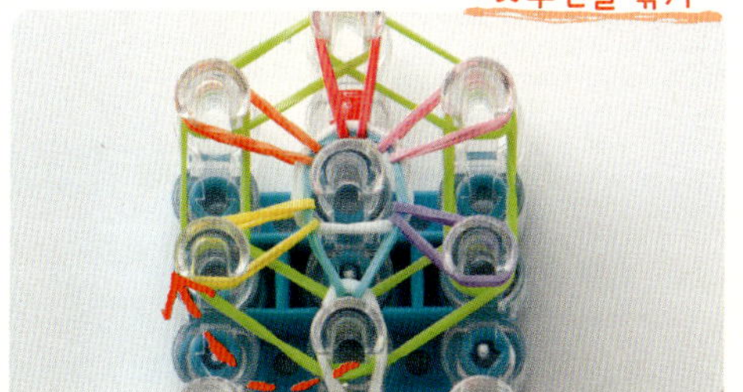

↓

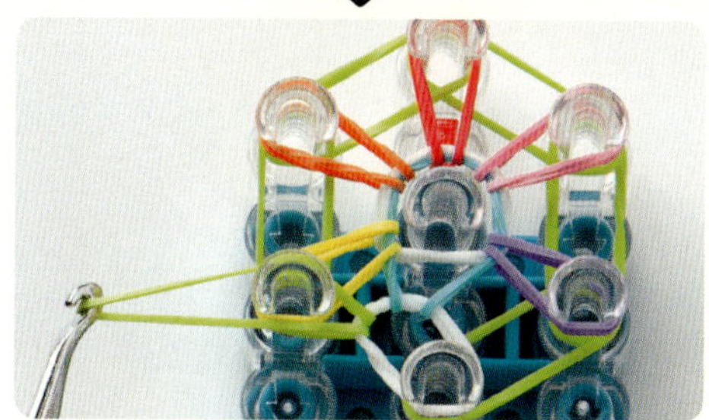

10 【엮는 순서2】를 보면서 주변을 엮습니다. 맨 앞 핀에 걸린 화이트 고무밴드 2개의 안쪽으로 후크를 끼워 넣습니다. 왼쪽 위 핀 쪽으로 걸린 라임그린 고무밴드 1개를 안쪽에서 당겨 왼쪽 위 핀에 겁니다.

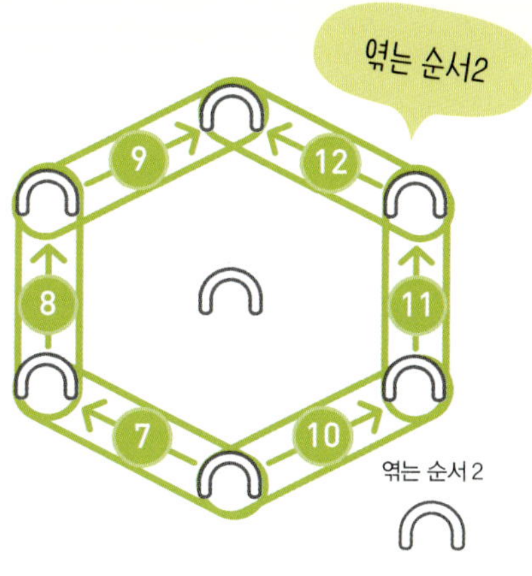

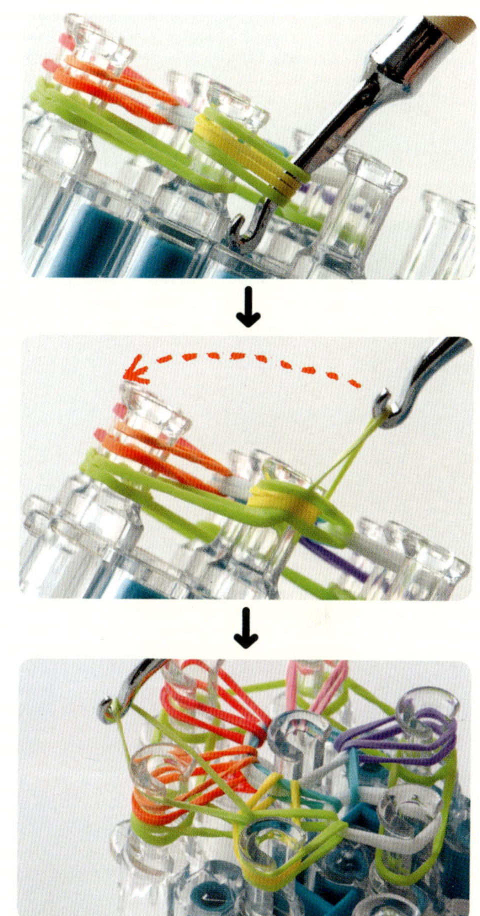

↓

↓

11 다음은 조금 힘이 필요한데, 왼쪽 줄 위에서 2번째 핀에 걸린 4개의 고무밴드 속으로 후크를 끼워 넣습니다. 맨 아래에 걸린 라임그린 고무밴드 1개를 안쪽에서 당겨내 바로 위 핀에 겁니다.

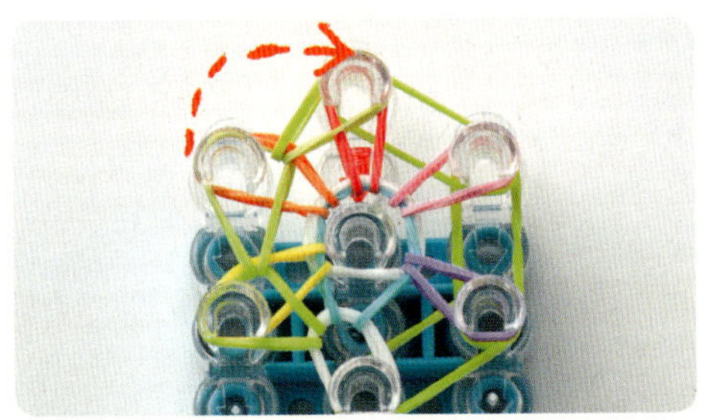

12 왼쪽 줄 제일 끝 핀에 후크를 끼워 넣어 맨 아래에 걸린 라임그린 고무밴드를 1개 당겨 가운뎃줄 제일 끝 핀에 겁니다.

13 가운뎃줄 맨 앞의 화이트 고무밴드 2개에 후크를 끼워서 라임그린 고무밴드 1개를 안쪽에서 당긴 후, 오른쪽 위 핀에 겁니다.

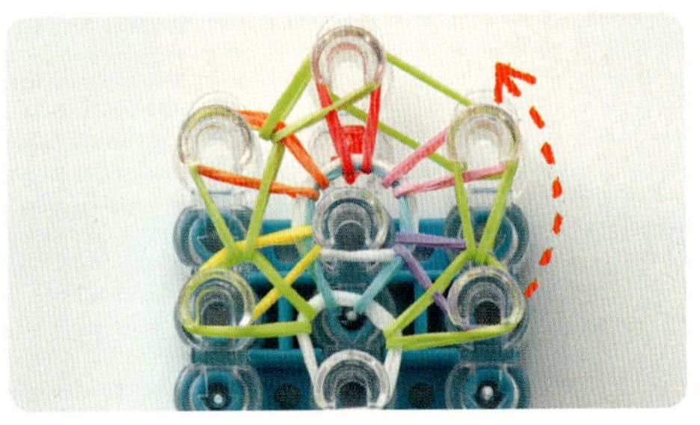

14 방금 건 핀에 후크를 끼워서 맨 아래에 걸린 라임그린 고무밴드 1개를 안쪽에서 당겨 위쪽 핀에 겁니다.

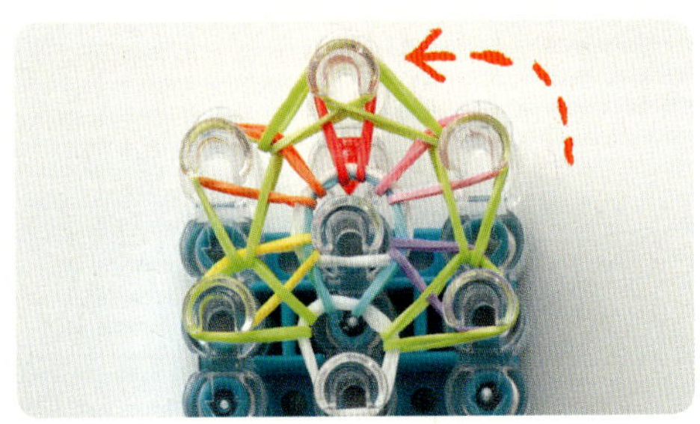

15 오른쪽 줄 제일 끝 핀에 후크를 끼워서 맨 아래에 걸린 라임그린 고무밴드 1개를 안쪽에서 당겨 가운뎃줄 제일 끝 핀에 겁니다.

16 가운뎃줄 제일 끝 핀에 걸린 고무밴드 전부에 후크를 끼워서 고무밴드를 핀에서 뺍니다. 후크 몸통에 라임그린 고무밴드를 1개 끼워서 묶어 주면 완성입니다.

과일 모양 비즈 헤어밴드

비즈를 한껏 사용해 과일향이 날 것 같은 헤어
밴드는 목걸이로도 변신합니다 ♪

A색: 라임그린
B색: 옐로
C색: 화이트
D색: 오렌지
비즈 색: 투명 옐로

A색: 그린
B색: 진홍
C색: 화이트
D색: 레드
비즈 색: 화이트

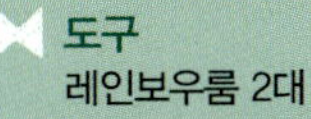

▶ 도구
레인보우룸 2대

▶ 재료
• A색: 옐로(젤리) 25
• B색: 핑크(젤리) 25
• C색: 화이트 47
• D색: 오렌지 25
• 비즈 색: 핑크 25
• C클립 1

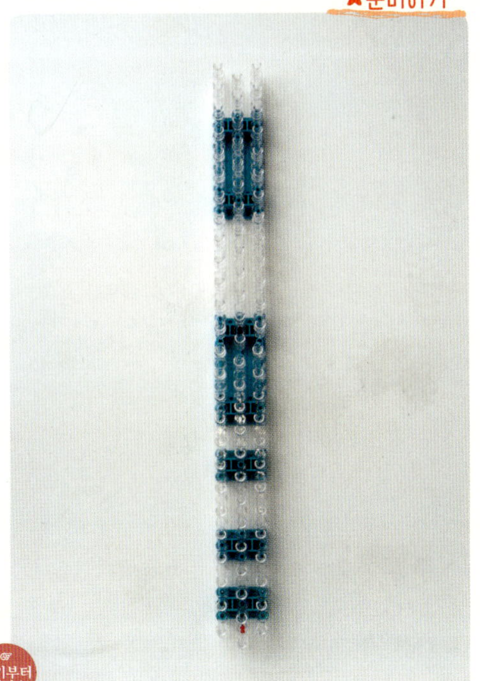

1 비즈 헤어밴드를 만들기 위해서 레인보우룸을
2대 사용합니다. 룸 본체 2대를 연결해서 준비
합니다.

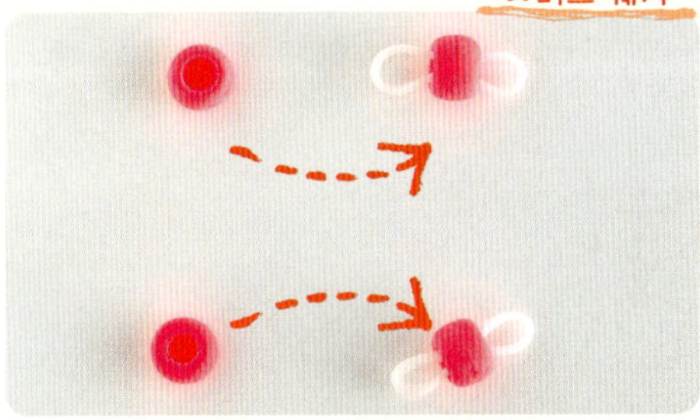

2 모든 비즈에 C 고무밴드를 1개씩 꿰어 둡니다.

☆ 간단한 비즈 꿰기

비즈 구멍에 고무밴드를 꿰기 어
려울 때는 85쪽의 방법을 사용해
봅시다.

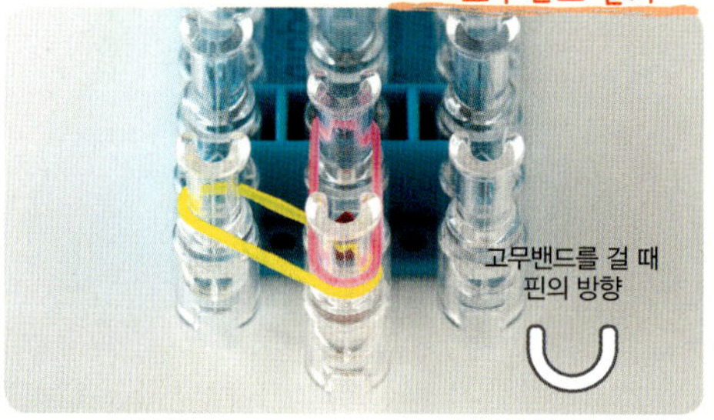

3 A 고무밴드 1개를 가운뎃줄 맨 앞과 그 왼쪽 위 핀에 겁니다. 다음으로 B 고무밴드 1개를 가운뎃줄 맨 앞과 그 위의 핀에 겁니다.

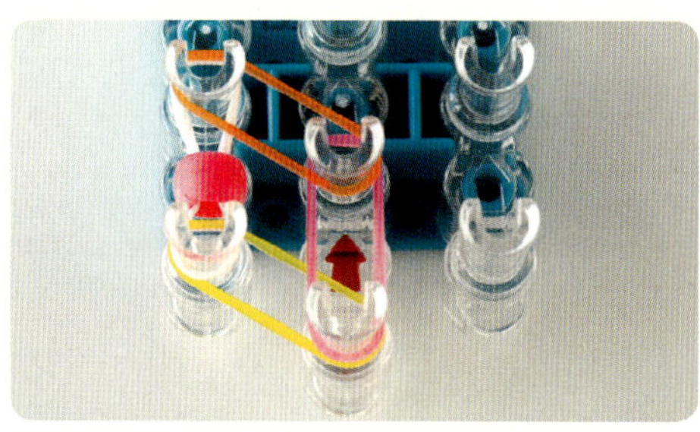

4 2번에서 만든 비즈 달린 C 고무밴드 1개를 왼쪽 줄 맨 앞과 그 위의 핀에 겁니다. 마지막으로 D 고무밴드 1개를 가운뎃줄 앞에서 2번째 핀과 그 왼쪽 위 핀에 겁니다.

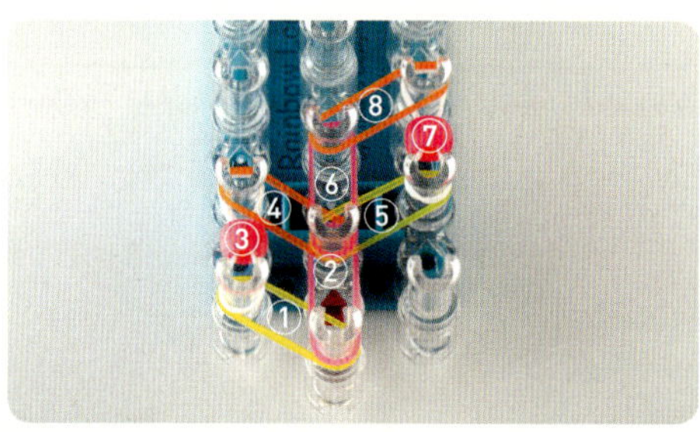

5 오른쪽의 【고무밴드를 거는 순서】를 참고해서 A~D 고무밴드 1개씩을 순서대로 끝까지 겁니다.

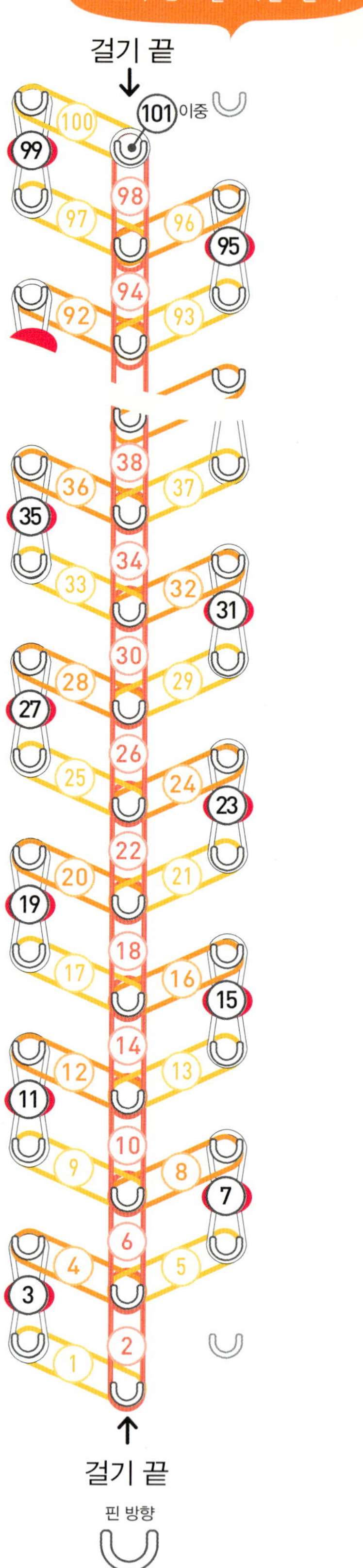

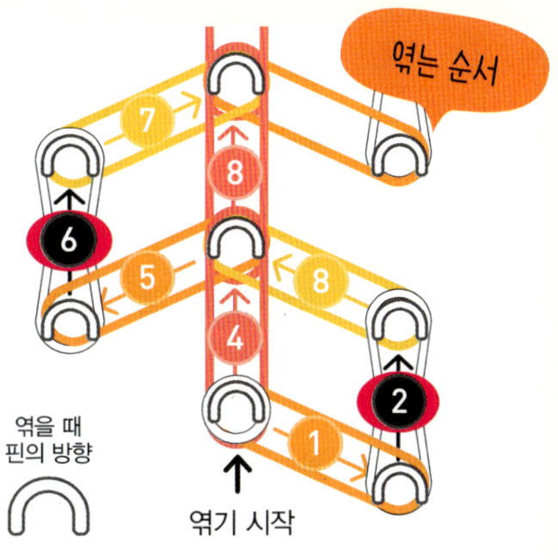

6 룸 본체를 180° 회전시킵니다. C 고무밴드 1 개를 이중으로 만들어서 가운뎃줄 맨 앞의 핀에 걸어 둡니다.

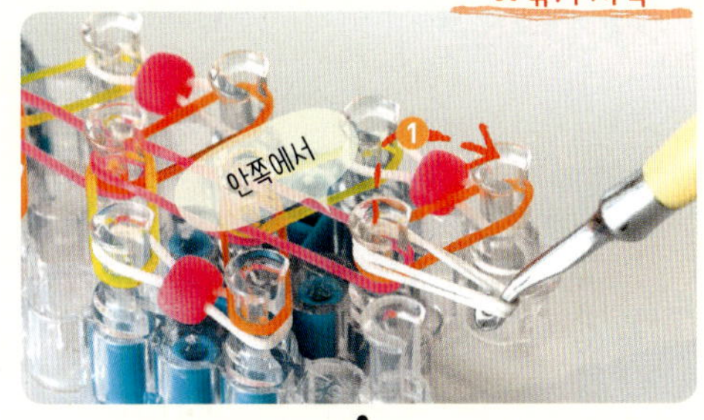

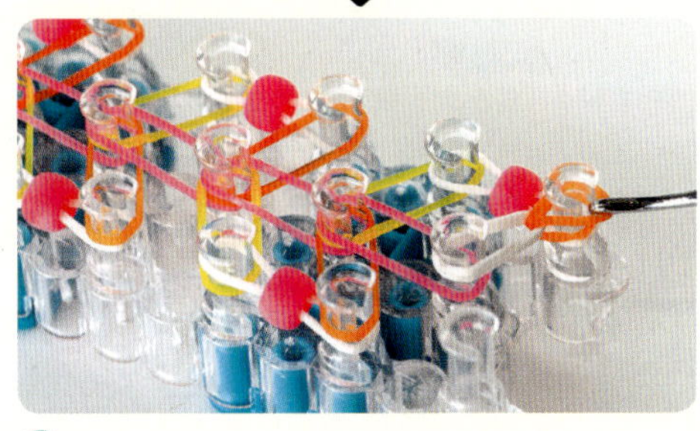

8 우선 오른쪽부터 엮습니다. ❶ 가운뎃줄 맨 앞 핀의 이중으로 만든 C 고무밴드 2개에 후크를 끼우고, 아래에 있는 D 고무밴드 1개를 꺼내 오른쪽 아래 핀에 겁니다. 위에 걸린 고무밴드 안쪽에서 아래의 고무밴드를 당겨 꺼내는 것이 요령입니다.

7 지금까지의 과정으로 사진처럼 됩니다. 이제부터 엮기 시작합니다.

9 ❷ 오른쪽 맨 앞 핀에 걸린 D 고무밴드 2개에 후크를 끼워서 아래에 있는 C 고무밴드 1개를 당겨 그 위 핀에 겁니다.

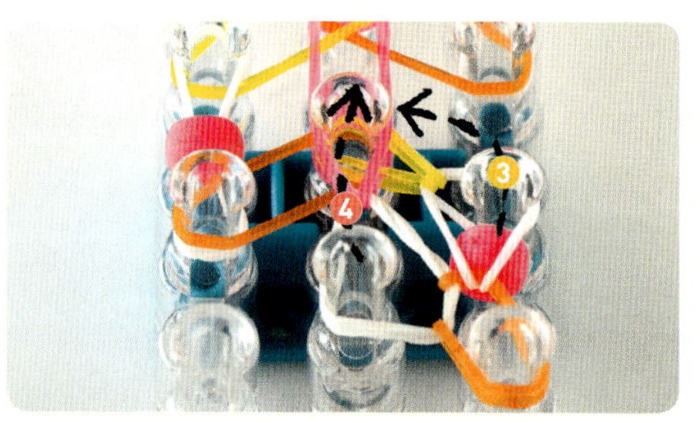

10 【엮는 순서】를 참고해서 ❸, ❹의 순으로 각각
위의 고무밴드 2개 안쪽으로 후크를 끼우고,
아래의 고무밴드 1개를 당겨 다음 핀에 겁니다.

11 ❺ 가운뎃줄 2번째 핀의 안쪽으로 후크를 끼
우고, 아래에 있는 D 고무밴드 1개를 당겨
왼쪽 아래 핀에 겁니다. 이때 D 고무밴드는 밑에서 2
번째에 걸려 있습니다. 위에 걸린 전체 고무밴드의
안쪽에서 당겨 꺼내는 것이 요령입니다.

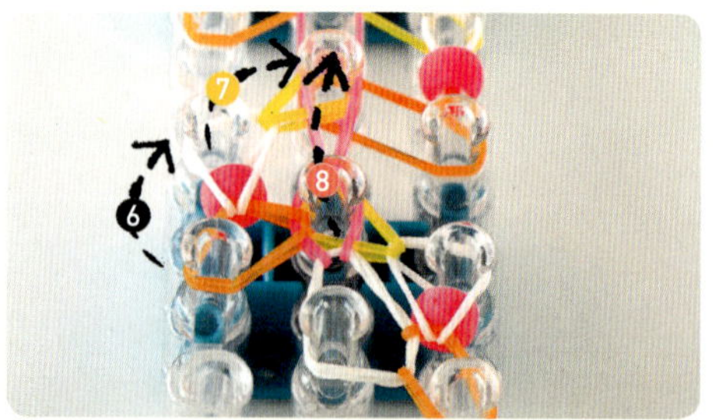

12 마찬가지로 115쪽의 【엮는 순서】를 보면서
끝까지 순서대로 엮습니다.

13 끝까지 엮으면 사진과 같습니다.

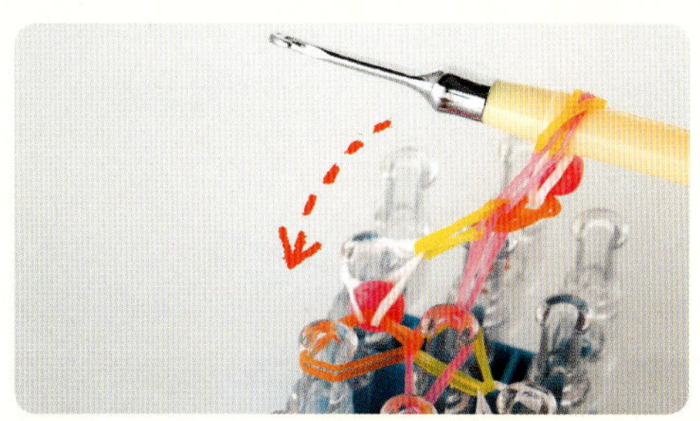

14 가운뎃줄 맨 위 핀에 걸린 고리 전부에 후크를 단단히 겁니다.

15 후크가 빠지지 않도록 주의하며 고무밴드를 핀에서 빼냅니다.

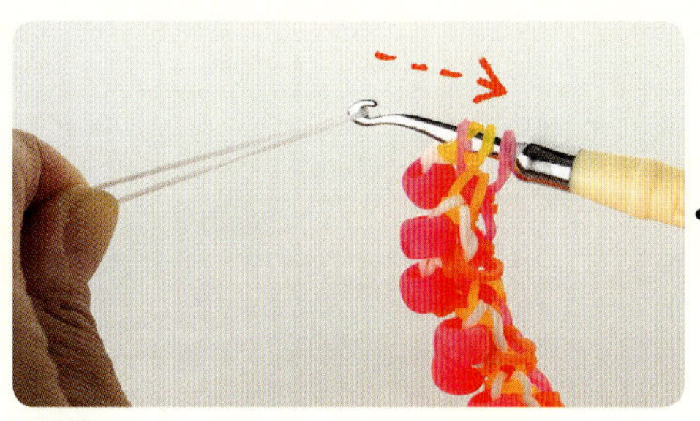

16 C 고무밴드 1개를 후크에 걸린 고무밴드 고리 전부를 통해 빼냅니다.

싱글 체인을 엮는 방법은 16쪽에 있습니다!

17 양쪽 끝에서 10개씩 C 고무밴드로 싱글 체인을 엮어서 필요한 만큼 길이를 조절합니다. 양 끝을 C클립으로 이어주면 완성입니다.

수록 작품 한눈에 보기

《레인보우룸 액세서리 레슨 북》에서 만들어 볼 수 있는 작품들을 사진으로 한눈에 확인해 보세요.
이번에는 어떤 귀여운 작품을 만들어 볼까요?

Hajimete demo Kantan! Kawaii! Rainbow Loom Accessory
© GAKKEN EDUCATION PUBLISHING 2014
First published in Japan 2014 by Gakken Education Publishing Co., Ltd., Tokyo
Korean translation rights arranged with Gakken Education Publishing Co., Ltd.
through The English Agency (Japan) Ltd. and Danny Hong Agency.
Korean translation copyright © 2015 by Turning Point

작품 디자인　42쪽·80쪽: 페르시카(persika.petit.cc)의 우치다 준코(内田潤子)

아이치 현(愛知県) 이치노미야 시(一宮市)의 아틀리에 '페르시카(Persika)'의 직물 작가이다. 수공예 교실 강사 및 각 지역 카페, 잡화점에서 워크숍을 개최하고 있다. 저서로 《카드로 짜는 텍스타일·스트랩 만들기》(학습연구사) 등이 있다.

19쪽·25쪽·28쪽·33쪽·37쪽·55쪽·61쪽·66쪽·68쪽·74쪽·113쪽: Sunshine Design(sunshinedezain.net)의 산베시즈요(サンベシヅヨ)
레인보우룸의 공인 인스트럭터이자 코바늘 뜨개 강사이다. 공예 강사 의뢰, 인쇄물 기획·디자인·제작 등을 진행하며 현재는 수도권을 중심으로 레인보우룸 워크숍을 개최하고 있다.

16쪽·49쪽·77쪽·86쪽·92쪽·96쪽·100쪽: 아틀리에 나푸아(ameblo.jp/3napua)의 노세 마미(能勢麻未)
레인보우룸의 공인 인스트럭터이자 공예 강사이다. 하와이 스타일의 꽃꽂이와 레진 액세서리도 제작하며, 레인보우룸과 공예 워크숍도 개최하고 있다.

촬영　　　　사사카 가오리, 오노 마사토, 고사카 나오키, 시미즈 히로코
스타일링　　아스케 나오코
헤어 스타일링　ONO AYUMI
모델　　　　사이가 아카네, 사이가 사쿠라(Awesome)
디자인　　　요쓰바 가공
편집·글　　나카가와 유키코

레인보우룸 액세서리 레슨 북

2016년 4월 13일 초판 1쇄 인쇄
2016년 4월 20일 초판 1쇄 발행

지은이　　　일본 레인보우룸 공식 인스트럭터
옮긴이　　　박수현
펴낸이　　　정상석

기획　　　　문희언
편집·진행　　윤보라
교정　　　　김성은
편집 디자인　앤미디어
표지 디자인　R.eun

펴낸 곳　　　터닝포인트(www.diytp.com)
등록번호　　2005. 2. 17 제6–738호
주소　　　　(121–869) 서울시 마포구 동교로27길 53 지남빌딩 308호
대표 전화　　(02)332–7646
팩스　　　　(02)3142–7646
ISBN　　　　978–89–94158–84–6 13630
정가　　　　12,000원

내용 및 집필 문의　diamat@naver.com
터닝포인트는 삶에 긍정적 변화를 가져오는 좋은 원고를 환영합니다.

- 이 책에 수록된 내용이나 사진, 일러스트 등을 출판권자의 허락 없이 복제 배포하는 행위는 저작권법에 위반됩니다.

- 이 도서의 국립중앙도서관 출판예정도서목록(CIP)은 서지정보유통지원시스템 홈페이지(http://seoji.nl.go.kr)와 국가자료공동목록시스템 (http://www.nl.go.kr/kolisnet)에서 이용하실 수 있습니다. (CIP제어번호: CIP2015034505)